古代美術史研究

三編：書法研究專輯

第 15 冊

日本近代篆刻發展的肇基
——清末民初中日篆刻交流的考察（上）

黃 雅 宜 著

花木蘭文化事業有限公司

國家圖書館出版品預行編目資料

日本近代篆刻發展的肇基——清末民初中日篆刻交流的考察
（上）／黃雅宜 著—初版—新北市：花木蘭文化事業有限公司，
2018〔民 107〕
目 20+238 面；19×26 公分
（古代美術史研究 三編：第 15 冊）
ISBN 978-986-485-260-4（精裝）
1. 篆刻 2. 國際交流
628.08　　　　　　　　　　　　　　　　　107001284

ISBN-978-986-485-260-4

9 789864 852604

古代美術史研究
三 編 第十五冊　　　　　ISBN：978-986-485-260-4

日本近代篆刻發展的肇基
——清末民初中日篆刻交流的考察（上）

作　　者　黃雅宜
總 編 輯　杜潔祥
副總編輯　楊嘉樂
編　　輯　許郁翎、王　筑　美術編輯　陳逸婷
出　　版　花木蘭文化事業有限公司
發 行 人　高小娟
聯絡地址　235 新北市中和區中安街七二號十三樓
　　　　　電話：02-2923-1455／傳眞：02-2923-1452
網　　址　http://www.huamulan.tw 信箱 hml810518@gmail.com
印　　刷　普羅文化出版廣告事業
初　　版　2018 年 3 月
全書字數　184746 字
定　　價　三編 20 冊（精裝）台幣 60,000 元

日本近代篆刻發展的肇基
——清末民初中日篆刻交流的考察（上）

黃雅宜　著

作者簡介

黃雅宜

2016 年 台北市紀州庵文學森林館——慈悲喜樂聯展

2014 年 台北市吉林畫廊歲月靜好——篆刻集印展

2013 年 日本東京大東文化大學 コミュニティーギャラリー展

2012 年 品藝術執行總監，專業繪畫指導老師。

2011 年 國立台灣藝術大學 美術學院 書畫藝術學系 碩士畢業

2009 年 日本東京大東文化大學 書道藝術系 國際交換學生

2008 年 國立台灣藝術大學 美術學院 書畫藝術學系 學士畢業

展覽資歷：

台北國父紀念館聯展、台北中正紀念堂聯展、高雄市立文化中心聯展、日本東京聯展、新北市藝文中心聯展、台北惠風堂聯展、國立台灣藝術大學聯展、個展等。

入圍：

礦溪美展、高雄鳳邑美展、全國青年台積電書法篆刻比賽、台灣印社全國大專篆刻比賽、全國溫世仁水彩水墨寫生比賽、日本全國書道展特優等獎項。

提　　要

　　中國與日本在文化歷史上一直有著密不可分的緊密關係，這之中包括著藝術的影響。中國的篆刻藝術對其影響在隋唐時，日本全面唐化運動之際，於現存日本的官司印鈐本上，已可看出其深入的影響端倪。在日本明治十三年時（1880 年，光緒六年），楊守敬（1839～1915）出使日本，攜帶了約一萬餘本的中國歷代碑帖、拓本到達日本。他對日本書壇的影響，掀起了一股新旋風，為當時篆刻及書法界注入了新的血液。這段歷史成為開啓了日本近代書法及篆刻的舵手。其後接連的劃時代變化，就連現代日本篆刻及書法界都承襲著此遺風，當時中日交流頻繁的盛況也為此段歷史寫下不可缺少的一頁。全文共分為六章節進行探討。

　　第一章 陳述此論文的研究動機與目的，對於研究的範圍及內容作全面性的初步介紹。

　　第二章 介紹日本明治前的中日篆刻交流軌跡，透過此章節詳盡的了解此時期日本的篆刻狀況。

　　第三章 此章節研究開啓日本近代書法發展的重要人物與交流狀況，對於此時期的中日交流書信、筆談等，整理出詳盡的資料分析。

　　第四章 此章節整理出山本竟山、長尾雨山與河井荃廬在中日篆刻交流上的互動資料與筆談書信，對於其間的雅集活動與對其後日本的近代篆刻的影響，蒐集並分析其歷史資料。

　　第五章 整理以書學研究為中心的書法、篆刻、金石學等交流，探討其時代意義與價值。

　　第六章及第七章 統整分析所蒐集的資料，對當時交流間的概況作條列式的總結及研究心得與未來方向的省思。

謝　誌

　　藝術的學習是無止境的，從大學四年至研究所兩年，在台灣藝術大學書畫藝術學系，六年中與許多系上的老師學習並得以成長，之中獲得許多師長的協助得以完成學業，由衷地感謝每一位老師的指導與鼓勵，研究所期間，有幸得以到台藝大的姊妹校，日本大東文化大學交換留學一年，感謝所有在日本幫助及指導我的每一位教授們。未來對於藝術創作與研究仍將繼續努力鑽研，期許自己在書畫藝術的境地裡，可以更上一層樓，再次地感謝所有教授們的指導。

　　本論文得以如期發表，首先感謝指導教授林進忠老師給予作品及論文嚴謹的審視與指導，同時也感謝審查委員熊宜中老師及阮常耀老師於百忙之中，對學生的論文及作品諸多的指導與鼓勵，並提出非常寶貴的意見，給予學生日後在藝術創作及研究上的重要方向。

　　感謝研究所時期的同學，一路的陪伴與藝術交流，與在日本一年中所認識的同學、朋友與學長姐們的照顧，得以在日本順利蒐集研究資料與充實地生活。最後萬分的感謝親愛的家人，對我的支持與包容，使我無後顧之憂的專心研究，致力於學業與藝術創作，特此致上無限謝枕。

黃雅宜　謹誌 2011.6

目次

緒　論

本章分成四節討論，第一節研究動機與目的；第二節研究內容與範圍；第三節研究範圍極限制；第四節研究方法；第五節文獻探討。

第一節　研究動機與目的

中國的篆刻發展史，自古代各種樣式的演變，至今已經發展為一種藝術的表現模式；而日本的篆刻史，雖並不像中國篆刻史如此的久遠，但日本至今在篆刻表現上確也讓人驚嘆。在日本篆刻史上，目前紀錄中國傳入最早的一方印首推 1784 年 2 月 23 日在日本福岡縣所發現的金印〈漢委奴國王〉。

而在中國明朝滅亡之際，中國禪師獨立與心越禪師遠渡扶桑，更把中國篆刻藝術正式傳入日本。此後，日本陸續有印人到中國進行篆刻的學習與交流，也有許多中國與日本篆刻界交流互動之紀錄，以及日本印人風格受中國印人的影響等等。作品之間的影響，記錄在遺留下來的作品印拓中，這些精彩的互動以及影響，對於交通、資訊不便的年代來說，是有相當的困難的，中國與日本在文化差異下所演化出的篆刻新風貌，是我深感興趣的動力，以至於想研究清末民初期間的日本篆刻藝術。

目前所談及到的，主要以清末民初包括日治時期、海峽兩岸，談論此時篆刻家在中日三地的交往情形及發展情況。所談論的重點與人物為日下部鳴鶴（1838～1922）、長尾雨山（1864～1942）、山本竟山（1863～1934）、河井荃廬（1871～1945）等人與吳昌碩、楊守敬等中國書人有過交流等事跡的人物。希望透過這次的研究，清楚的了解中國與日本在近現代篆刻的交流與影響。

目前篆刻界研究此相關論文並不多，希望在目前所取得的文獻、資料中進行歸納、研究並且深入的探討。本研究的目的希望藉由以下幾點，研究後歸納整理出，清末民初中日篆刻交流的時代價值與文化內涵。

（一）楊守敬對於日本書法界的影響。

希望了解楊守敬到日本後，對於日本書法界的影響，以研究楊氏與日本書家的來往，掌握當時的交流狀況與日後的影響。

（二）日下部鳴鶴與中國書家的交往

透過吳昌碩所刻給日下部鳴鶴的相關印章，以及他所用的自用印多是出於受中國影響的日本篆刻家。在史料上可以看見日下部鳴鶴到中國時的潤利表，以及學生山本竟山繼續從事中日書篆間的交流，達成了解中日篆刻交流中，一個重要的範疇。

（三）山本竟山與中國藝壇的交往

在山本竟山的姓名印中，可看見吳昌碩為其所刻的作品，另外蒐集並研究楊守敬與山本竟山的書信，及七次到中國的記錄。希望透過以上的文獻資料，歸類、研究出山本竟山與中國藝壇的來往，這對於中日篆刻交流的研究，將是不可或缺的一塊。

（四）長尾雨山對於中日雅集交流活動的貢獻

研究長尾雨山對於中日間的雅集活動如何的推動，並且出版吳昌碩等相關書籍，相信透過研究他所作的事蹟，對於當時中日間雅集活動的盛況，將會有很大的發現。

（五）河井荃廬宏揚中國書畫的業績

經過了解河井荃廬與吳昌碩的密切交往，從他的〈訪中日記〉、〈河井荃廬繼吳昌碩尺牘　草稿〉等手稿資料中可以了解當時中日篆刻交流因河井荃廬的出現，達到了一個高峰，其後對於他所蒐集的中國字畫、舉辦名品展等作為，將是本論文不可缺少的一個研究重點。透過其研究成果達成深入了解中日篆刻交流的目的。

（六）清末民初中日交流篆刻的時代意義與價值

綜合以上的研究成果，了解當時中日篆刻交流的文化內涵，透過當時書學的研究探討成果，清楚的明白中日篆刻交流的價值與影響。

第二節　研究內容與範圍

一、研究範圍

　　研究的範圍在清末民初這段時間，大約以楊守敬明治十三年（1880），初次到日本開始，之後對於中國、日本、台灣間的文化交流，包括書信、碑帖、筆談紀錄等，約至河井荃廬於昭和二十年（1945）於二次大戰空襲時過世為止，之間所發生的中日篆刻交流之研究。例如，吳昌碩的畫及書法，雖然不直接是篆刻的範圍，但是若包含、牽涉中日相關交流的範疇都是值得研究的，將列為我研究的資料。

二、研究重點

　　首先，先了解中國篆刻歷史的脈絡，以及日本篆刻的發展脈絡，了解中國對日本篆刻的影響，日本篆刻家渡海到中國的文化交流、書信往來、碑帖、筆談等，或者中國書家到日本所帶來的影響、以及當時西泠印社對外與國際交流的活動等留下來的史料。雙方的印拓、年表有助於我們了解當時日本篆刻界與中國篆刻界的情形以及交流影響。目前寫作的重點，如：詩、日記、書信，若與中日篆刻交流等相關範疇，都將收錄於本論文中。

　　研究的重點大致分為：

　　1. 楊守敬與日本書家的交往

　　透過本章節的研究，希望了解楊守敬到日本時，對於日本書法界的影響，其中楊守敬與日下部鳴鶴等日本書人為本論文中重要的研究範圍之一。

　　2. 山本竟山與中國藝壇的交往狀況

　　吳昌碩與楊守敬對於山本竟山的影響，其中書信筆談等資料，有助於了解當時山本竟山與中國交往的情形。

　　3. 長尾雨山與中國篆刻界的交流

　　在長尾雨山的部分，有他與中國書法篆刻界的雅集研究，他與吳昌碩之間的交往狀況也是另一項重點。

　　4. 河井荃廬與吳昌碩的交流

　　在中日書法篆刻交流研究考察裡，河井荃廬所占的地位相當的重要，經過研究他與吳昌碩的尺牘資料、訪中日記等，可以更加了解對於當時他與中國篆刻界的交流，可惜有關於他的大量資料，毀於二次大戰空襲戰火中。

三、研究範圍極限制

　　事實上在中日篆刻交流上，相信有很多人在從事相關的研究，但若沒有相關文獻資料，將無從考察，只能在現存的資料中研究，不敢說所研究是當時中日交流的全部。

第三節　研究方法與流程

一、文獻分析法

　　1. 收集資料：

　　目前的資料收集，主要分為幾個項目：印譜類、歷史年表類、個人圖錄類、篆刻工具書類、中日相關等文章書及類、雜誌、專文、期刊論文等等。收集資料後加以分類建檔，清楚的編號與簡單的註解，有助論文撰寫。

　　日文書與中文書的閱讀與蒐集，可以更全盤的了解兩方面的觀點，所以在資料庫中也同時蒐集中日雙方的書籍與文章。

　　2. 研讀分析：

　　資料蒐集後，加以掃描和影印建檔，並且閱讀分析。把不同類別的書籍，以電腦建檔的方式歸類。

二、圖象比較法

　　1. 圖像建檔分類：

　　蒐集到的圖像、照片、書信、印拓等眾多資料，需要用到論文裡的圖像都以掃描的方式建檔，以國籍、人物、年代等不同類別加以製作表格，分析圖像，歸類建檔，希望透過有效率的建檔方式，在尋找資料以及建構檔案時，可以更加的省時並提高效率。

　　利用不同的歸類方式，也有助於交叉比對，可以更清楚的了解中日交流當時發展的每個小細節，圖像的建檔歸類是一項重要的工作，我認為如果能夠在這部分運用的恰當，對於研究會有很大的幫助。

　　2. 圖像對照：

　　有時因版本的不同，可能也會用對照的方式讓兩個圖檔清楚的比對以及分析。此外，對於中國印風對日本有所影響，故將會用中國篆刻家以及日本

篆刻家之間的風格比較，對於中國對日本的影響下，希望用圖像對照的方式更能讓讀者清楚的發現，在彼次交流下對印風的轉變與影響。

　　另外蒐集有關的姓名印拓，或者仿刻的印拓，希望在相互的比對之下，可以對於當時中日間的交流活動，更加清楚的了解與掌握。

三、統合歸納

　　綜合以上的資料，進行圖片以及時間的統整，歸納出重點，並且串連其相關性，試圖盡可能了解當時中日篆刻交流的全貌景象。目前分為以下兩個重點：

　　1. 中日篆刻交流相關人物：

　　以線狀圖的方式，清楚的畫出彼此之間的關係及影響的脈絡圖，等等。研讀資料後，判別出它的屬性，以及可以使用的利用性，適用於哪一範圍的章節裡，都是這一部分的重點。

　　2. 年代的統整：

　　以表格的方式清楚的整理出年代的順序，以及事件的發展先後，經過編排並製作，清末民初中日篆刻的大事對照年表。

研究流程圖

1.

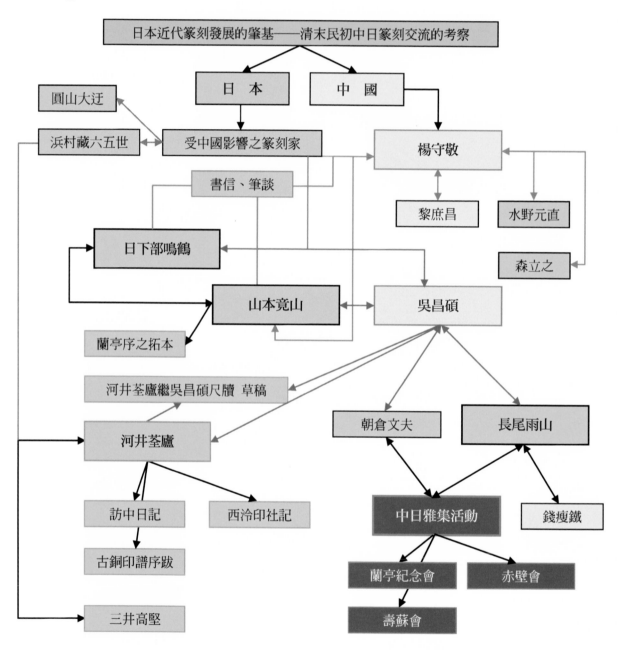

2.

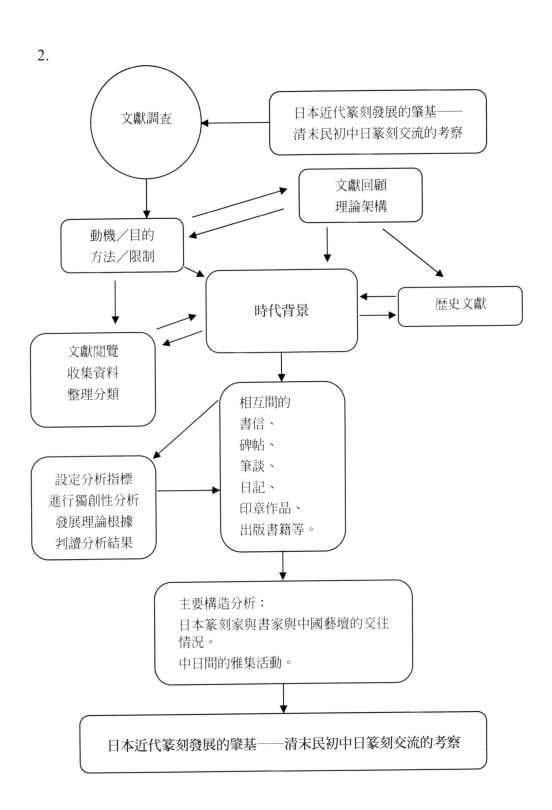

第四節　主要引用資料分析

1. 書學書道史學會：〈日下部鳴鶴〉：《日本・中國・朝鮮／書道史年表事典》，2005 年 10 月 1 日初版，東京，株式會社萱原書房出版。

本書記載中國日本書道史的年表，相關研究書法或者涉略篆刻的人物，都在此有初步的介紹，雖然不是一本純粹的篆刻歷史年表，但是對於時代重要性的人物都有記載，可以清楚的了解中國、日本、韓國等一些歷史發展的影響及脈絡。

2. 韓天雍：《日本篆刻藝術》，上海書畫出版社。

本書記錄有關日本篆刻藝術發展的人物，從日本印章概述、流派等介紹到中國印人獨立與心越禪師的渡日。以及對於日本篆刻史上發展重點的人物，都有清楚的初步介紹。可以透過本書，了解其年代人物的生平，以及概略性的初探。對於研究中日篆刻交流相關人物，是一本可以多加利用的工具書。

3. 陳振濂：《現代日本書法大典》，2000 年 2 月第一版，河南美術出版社。

本書提供現代日本篆刻家的簡歷與作品，時代為明治時期開始收錄，並且收錄日展篆刻作品，以及現代日本書法篆刻年表（1868～1988）。

4. 西泠印社：《西泠印社百年史料長編》，2003 年 10 月第一版。

本書記載有關西泠印社創設以來的資料，交流等事跡，有助於了解日本方面對外交流的活動，本書大量的記載有關西泠印社的相關活動，清楚的說明，對於研究中日篆刻交流有很大的幫助。

5. 西泠印社：《西泠印社百年圖史》，2003 年 10 月第一版。

本書記載有關西泠印社有關的照片資料，論文有圖片的輔佐將會有很大的幫助。

6. 篆刻美術館：《河井荃廬展》，平成 7 年 9 月 23 日初版，古河市，篆刻美術館出版。

本書讓我了解，有關河井荃廬的篆刻面貌，其中本書也記載了河井荃廬與吳昌碩之間的通信來往。對於研究中日篆刻交流，有很大的幫助。

7. 西川寧：〈河井荃廬的篆刻〉，1978 年 5 月 15 日初版，東京，株式會社二玄社。

本書對於了解河井荃廬的面貌，可提供更清楚的參考資料。

8. 蘇友全：《吳昌碩生平及書法篆刻藝術之研究》，民國 83 年 4 月初版，台北，蕙風堂出版。

本書中所提及吳昌碩〈名揚中外藝壇〉中，寫到有關吳昌碩對於日本交流影響的簡略概說。

9. 楊守敬：《書學邇言》，1974 年 4 月初版，台北，藝文印書館。

此書爲楊守敬在武昌起事後，避居上海，有一位日本人到中國希望與楊守敬學習金石學。於是，楊守敬撰寫此書作爲教材，之中提及與中國交往的山本竟山，此以及他對日本書家的看法，此書成書的背景有著中日交往的濃厚意味。

10. 小林斗盦：《篆刻全集 8 中國〈清〉吳昌碩》，96 頁，2001 年 1 月 31 日初版，東京，株式會社二玄社出版。

本書介紹吳昌碩等篆刻作品，並且放上吳昌碩刻此作品的年齡，有助於分析吳昌碩印拓和比較對日本印人的影響。

11. 小林斗盦：《中國篆刻叢刊》第三十二卷～三十五卷　吳昌碩一～五，昭和 56 年 4 月 20 日第一版，東京，株式會社二玄社出版。

日本二玄社所出的吳昌碩印譜共五本，有助於了解吳昌碩篆刻的全貌，如需要尋找吳昌碩幫日本印人所刻的姓名印等其他作品時，這五本印譜將會有很多的幫助。其中所收錄的爲日本人所刻或者是日本人所藏的。

12. 松丸東魚：《再續荃廬印譜》，昭和 48 年 4 月發行，東京，株式會社白紅社。

這本印譜幾乎爲河井荃廬，爲三井高堅刻的印章，對於研究河井荃廬與三井高堅可提供很好的資料。

13. 西泠印社：《印學論叢》，1987 年 7 月第一版，上海，西泠印社出版。

中小林斗盦所寫的〈日本現存中國古印和古印譜〉文章中，對於中日方面的古印譜有更清楚的了解。另外梅舒適所寫的〈日本書法篆刻界的現狀和日中書畫篆刻家之間的友好交往〉也可提供中日兩方書畫篆刻間的交往情形。

14. 西泠印社：《西泠印社國際印學研討會論文集》，1998 年 9 月第一版，西泠印社出版。

　　普歐所寫的〈日本古印和古印譜研究史略考〉、今村光普所寫的〈對宋元代印發展到私印之考察〉、松村茂樹所寫的〈吳昌碩臂痛刻印，情深扶桑〉、管野智明所寫的〈吳隱在西泠印社創立前活動之考察〉。這些於《西泠印社國際印學研討會論文集》中的文章，有助於了解中日交流間的一些發展情況。

15. 林鵬程：「孤山證印「西泠印社國際印學峰會論文集》，2005 年 10 月第一版，杭州，西泠印社出版。

　　梅舒適所寫的〈吳昌碩作品展觀和搜集的回顧〉、史長虹所寫的〈西泠印社的對外交流 1904～2003〉、杉村邦彥所寫的〈長尾雨山先生和其交友〉、杉村邦彥所寫的〈在上海尋找長尾雨山先生的足跡〉。這些文章對於了解，西泠印社的發展以及當時長尾雨山與與中國之間的一些雅集活動，有很大的幫助。

16. 書論編輯室：《書論　第三十號——特集　西泠印社》，1998 年 4 月 30 日發行，京都，書論研究會。

　　這本《書論》的特集蒐集了大量日本方面與西泠印社當時交往的照片、書信等，寶貴資料，其中包含日本篆刻家與到中國時的照片，或者兩方往來間的筆談記錄，對於研究中日篆刻交流有很大的幫助。

17. 李慶：《東瀛遺墨——近代中日文化交流稀見史料輯注》，1999 年 5 月第一版，上海，上海人民出版社。

　　這本書有許多當時書信往來的資料如，〈郭沫若致田中慶太郎的信（1931～1937）〉，〈郁達夫致田中慶太郎的信（1927）〉，〈楊守敬和森立之等的筆談（1881 年以降）〉，〈黎庶昌和宮島誠一郎的筆談（1882 年、1884 年）〉。這些筆談，有助於了解中日交流發展情況。

18. 文物出版社編：《第三屆中國書法史論國際研討會論文集》，1998 年，北京，文物出版社出版。

　　這本《第三屆中國書法史論國際研討會論文集》中，收錄了杉村邦彥著的〈羅振玉在日本的研究生活及其交友關係〉。對於清末民初中日交流的初始有很大的幫助。

19. 文物出版社編：《中日書法史論研討會論文集》，1994 年，北京，文物出版社出版。

在《中日書法史論研討會論文集》中，杉村邦彥撰有〈楊守敬與日下部鳴鶴——近代中日書法交流史之發軔〉。著篇論文楊守敬與日下部鳴鶴的文章，對於我所研究的中日交流考察有很大的幫助，提供了有關此方面的文獻資料。

20.《墨雜誌第 113 號～3・4 月號》，1985 年 4 月 1 日，東京，藝術新聞社出版。

本雜誌刊登有關台灣吳平先生刻青山杉雨自用印，以及其門下弟子自用印，讓我了解台灣至今和日本書法篆刻界的交流。

21.《墨雜誌四月臨時增刊》：〈篆刻的鑑賞和實踐〉，1995 年 4 月 5 日，東京，藝術新聞社出版。

本雜誌刊登現在日本印壇上仿刻中國印人的作品，以及利用其風格，自創一方新的印章。

22.《墨雜誌第 110 號～9・10 月號》，1994 年 10 月 1 日，東京，藝術新聞社出版。

本雜誌刊登有關吳昌碩的印與書法作品，並且分析吳昌碩不同時期所演化出的風格，並有多位日本學者發表對於吳昌碩作品看法的文章，有助於了解吳昌碩在日本的藝壇裡，所受到的看法與解讀。

23.《墨雜誌第 45 號～11 月號》，1983 年 11 月 1 日，東京，藝術新聞社出版。

本雜誌為日下部鳴鶴的特輯，之中收錄了日下部鳴鶴的書論、筆談等寶貴的資料與圖片。以及巖谷一六、松田雪柯、日下部鳴鶴與楊守敬之間的筆談資料。並刊登日下部鳴鶴自用的雅印選集，其中包括吳昌碩、徐星州、河井荃廬等人，所刻的日下部鳴鶴姓名章。對於研究日下部鳴鶴，實為珍貴的資料。

24. 日本篆刻社編：《季刊：篆刻第十三輯》，昭和 61 年 4 月 10 日，東京，東京堂出版。

這本季刊收錄蓬心生所寫的〈吳昌碩刻清閒堂印〉，對助於研究吳昌碩與日下部鳴鶴間的交流。

25. 楊梅吟：《吳昌碩印風與晚清中日書法篆刻藝術交流發展》，台中，東海大學美術學系，碩士班學位論文，2007 年。

這本有關吳昌碩與中日篆刻交流發展的論文，之中討論的範圍很廣，包含了許多當時社會發展的一面，不單只是書篆藝術交流的方面，但可提供我一些有關中日藝術交往的參考資料。

26. 香取潤哉：《「昭和書豪」山本竟山——日本治臺時期旅臺書家研究》，國立台灣藝術大學造型藝術研究所，碩士班學位論文，2006 年 7 月。

此論文對於研究山本竟山，在山本竟山與中國交流間的資料有很大的幫助。

27. 小林斗盦：《篆刻全集 10 日本〈奈良——昭和〉大和古印——河井荃廬、中村蘭臺、他》，2002 年 1 月 31 日初版，東京，株式會社二玄社出版。

本書對於了解日本奈良至昭和時代的印人作品，有著詳細的收集，對於印面上的研究有很大的幫助。

28. 日下部鳴鶴：《鳴鶴翁三体千字文》，昭和 62 年 12 月 20 日，東京，文海堂。

本書對於有日下部鳴鶴的珍貴書法作品的收集，對於研究日下部鳴鶴的作品、分析紀年等，有很大的幫助。

29. 雷志雄：《日本金石舉要》，1998 年 9 月，湖北美術出版社。

本書收集並分析了，現存在日本的金石碑拓，對於了解日本的金石領域，有重要性的幫助。

30. 雷志雄：《日本墨跡舉要》，1998 年 9 月，湖北美術出版社。

本書收集並分析了，現存在日本的墨跡，對於了解日本的書道墨跡存本，可以讓讀者更深入的了解，日本重要的書法脈絡。

31. 書論編輯室：《書論　第三十號——特集　西泠印社》，1998 年 4 月 30 日發行，京都，書論研究會。

本書對於西泠印社初期，與日本的一些交流活動，收錄了珍貴的資料與照片，同時也收錄了多位日本人所發表的相關文章，對於了解當時的中日交流過程，相當的重要寶貴。

32. 書論編輯室：《書論　第二十六號》，1990 年 9 月 18 日發行，京都，
書論研究會。

　　本書收錄了楊守敬到日本時的一些重要交流資料與照片，對於了解楊守
敬當時在日本交往的情況，在本論文中佔有相當重要的地位，它幫助讀者更
加了解當時中日書法交流的盛況。

第二章　日本明治前的中日篆刻交流

　　日本文化，基本源於中國，而自有發展。作爲文化之一的篆刻藝術，同樣受到中國篆刻藝術的影響，但經過日本人民和篆刻家數百年來不斷努力吸收、消化，而能自成風貌，並具有較濃厚的民族風格。日本早期文書主要指奈良（710～794年）、平安（794～1185／1192年）時期官方製作的各種公文、戶籍、賑簿、檔案等。漢字書跡有相當部分是以這類文書的形式留存於今的。自公元 5 世紀前後漢字開始在日本使用，經過包括遣隋使、遣唐使、留學生以及隋唐兩朝東渡人員等多種途徑的交通，中國的漢文典籍和優秀書法作品傳入日本，7 世紀到 8 世紀初，漢字書法在日本社會的流播傳達到全盛時期。從現存正倉院、東京國立博館、延歷寺、平田寺、仁和寺等處早期文書中，可以看到王羲之書風，抄經書體乃至歐陽詢、褚遂良、顏眞卿等唐代書家的作品，都對其時日本社會的書寫風氣產生了直接的影響，書法的風貌與唐代的主流書風具有明顯得關聯性。這一現象又反過來證實了其實兩國之間文化聯繫的頻密，以及各種身分的來往人員在傳遞隋唐文明方面所達到的覆蓋程度。從另一角度考慮，此種特點又是當時日本社會主流階層對隋唐文化的憧憬並在接受心理上具有強烈主動性的表現。這些文書上保存的相當數量的官印鈐記，所反映的也是同樣的歷史背景。

　　中國傳入日本最早的篆刻作品，當推日本天明四年（1784 年，清乾隆四十九年）二月二十三日在日本福岡縣博多灣志賀島發現的金印「漢□奴國王「（圖 2－1）。這是漢光武帝中元二年（57 年，日垂仁天皇八十六年）賜給日本倭奴國使者（現存日本福岡縣博物館）〔註1〕。中國正史中第一次記載有中

〔註 1〕韓天雍：《日本篆刻藝術》，第 1 頁，上海書畫出版社。

日通好往來的是《後漢書》，其中「倭傳」記載：「建武中元二年，倭奴國奉貢朝賀，使人自稱大夫，倭國之極南界也。光武賜以印綬。」這方金印的出土，說明後漢書記載的正確，也說明早在公元一世紀，兩國之間就有國交關係了。

圖 2－1：〈漢□奴國王印〉

　　稍後，三國魏明帝景初三年（239 年，日神功皇后攝政三十九年），魏帝又授與倭邪馬台國女王「親魏倭王「金印。隋唐時候，日本派遣大批遣唐使到中國，全面吸收漢唐文化。現留存日本持統天皇六年（692 年，武周天授三年）後的官用文書上，有當時的官私印鈐本。多爲小篆；諸司、諸國印，多與六朝碑志和篆額近似；郡、倉印多爲楷書。民間私印除楷書外，亦多唐宋時押署的「花押書「和齊梁流行的「雜體書」印。

　　宋元時期，日本禪宗興隆，除日本留學僧外，尚有不少中國僧人赴日講經傳道，有的長久留住日本，他們爲繼承中國文化傳統，興起日本的書法篆刻藝術，有著巨大的啓發影響。明代，中國文人興起一股復古思潮，印人多崇尚漢印，萬歷之時，文彭、何震出，加之印材易銅爲石，易於雕鏤，篆刻之風大爲盛行。受到中國畫影響較深的日本畫家周文、啓祥、雪周等人，也常在他們的作品上鈐印蓋章。明王朝爲清所滅之際（1644 年，日寬永二十一年），有大批明末遺民流亡日本，而日本正保至元祿（1644～1688 年）年間，鎖國制度的禁令有所緩和，終於打開了長崎門戶，中國新文化亦隨之帶往傳播。其中對篆刻藝術傳播影響最大的，有獨立和心越兩位僧人。

第一節　宋元私印的移植與日本早期官印的管窺

　　中國宋元時代新穎的印章樣式蜂擁的傳入日本，首先於仁安三年（1168 年，南宋乾道四年），榮西以謙敬之心最早入宋學習，歸國時帶回天台宗的新

章疏三十餘部，計六十卷，獻給天台座主明雲，並在鎌倉修建壽福寺，大力宣揚禪風，被譽爲日本禪宗的始祖。南宋時期，私印的普及方興未艾，入宋的僧侶對書、畫、印融爲一體的文人推崇備至，極力仿效。如：東福寺圓東辨圓上人入宋，拜徑山無准師範爲師，見無准師範的書跡裡鈐印有「無准」、「範」字的私印，圓東也是在書寫的墨跡中，鈐上「圓東」兩字私印。這些顯然都是受到中國禪僧習慣的影響。

隨後又有許多日本高僧前來中國遊學，其中有不少是長於書法而又擅長繪畫的人。相傳雪村友梅〔註2〕（1290～1347年）就曾拜訪過元代書法家趙孟頫，並作書請教，其筆勢雄渾，致使趙孟頫爲之驚嘆。隨著日本禪宗的興盛和日本禪僧入宋的增多，宋朝僧人到日本的也逐漸多了起來。寬元四年（1246年，南宋淳祐六年），宋朝陽山無明慧性的法嗣蘭溪道隆（大覺禪師）率同他的弟子義翁紹仁（普覺禪師）、龍江等人赴日本，這是中國禪僧到日本的第一批人物。弘安二年（1279年，南宋祥興二年），無學祖元（佛光國師）到日本鎌倉，住在建長寺，和壽福寺的大體正念兩相對應，大力宏揚禪風。隨著中日兩國文化的交流日趨頻繁，至元代，也有許多高僧陸續不斷地東渡日本。

禪僧經常在釋迦、觀音、文殊、普賢等佛菩薩以及達摩、布袋、寒山捨得的禪畫上題寫贊詞。他們起初是在畫工所繪的圖上題贊鈐印，後來由於受中國文化的影響，逐漸形成了自畫自贊的風氣。

在日本使用木質印材古已有之。雖然通常都使用銅鑄印，可是，從鎌倉〔註3〕（1185～1333）至南北朝〔註4〕（1336～1392年）及室町時代〔註5〕（1338

〔註2〕　雪村友梅（1290～1347年），是鎌倉末到南北朝時代的禪僧。十八歲時入中國元朝學習。

〔註3〕　鎌倉時代（日語：鎌倉時代、時間大概爲1185～1333年），以鎌倉作爲全國政治中心的年代。關於鎌倉幕府嘅建立期，有唔同的講法：第一係永壽二年說，即係1183年源賴朝得到東海道同東山道行政權；二係元歷元年說，即1184年賴朝喺鎌倉設置公文所同問注所等行政機關；三係文治元年說，即1185年賴朝喺全國各地設立守護、地頭，掌握地方軍、政權；四係建久三年說，係指賴朝喺1192年就任征夷大將軍。一般嚟講係採用最後一個講法，即1192年。最初以武士作爲中心，不過源氏喺幕府嘅影響力大大減退，導致俾執權北條氏擺咗政權。最終1333年新田義貞攻陷鎌倉，幕府滅亡，鎌倉時代完結。

〔註4〕　日本的南北朝發生於1336～1392年，之前爲鎌倉時代，之後爲室町時代。在這段時期裡，日本同時出現了南、北兩個天皇，並有各自的承傳。後醍醐天皇滅鎌倉幕府後，進行首度王政復古，推行新政，史稱建武新政。由於新政

～1573 年），木印的制作逐漸多了起來。這也許是受中國的啓發。在中國，宋元時代就開始使用象牙印或木印。木印則以使用黃楊木者居多。概而言之，日本鎌倉、南北朝時代禪僧的私印，基本上是白文或朱文小印，深受中國宋元時代士大夫或禪僧私印樣式的影響。其形式多樣，有雙邊、字形、圓形、方圓形、鼎、彝、爵等形狀，多富有裝飾趣味。歸化的禪僧自然不必說，入宋、入元禪僧的自用印多數是出自中國印人之手。這些宋元風格的私印，到了江戶時代得以興起，並對近代篆刻產生了很大的影響。

　　日本鎌倉、南北朝以來，禪宗僧侶之間使用私印已經成爲普遍的習慣。即使到了室町時代以後，東渡到日本的禪僧雖不如前代那樣頻繁，但從這時代僧侶墨跡所用的私印中，卻能看到許多是受中國元、明時代印章風格影響的白文或朱文小印。在室町時代，除禪僧使用的私印之外，開始流行在水墨上鈐蓋畫家印。

　　官印是政治制度的衍生物。倣照隋唐三省六部和地方道、州（郡）、縣行政體制，日本在形成中央二官八省、地方國郡鄉官制體系的同時，作爲行政權力憑信的官印也是一如隋唐模式，行用的是體現官署職能的公印，而非表明官吏身分的官職印。中國隋唐時期實現由秦漢職印制度向官署印制度的轉變，體現了行政理念的進步。奈良時期文書上的印跡，包括天皇及中央、地方國郡的體系相當完整。

　　　未能滿足武士要求，且僅重用京都公卿貴族，故引起武士不滿。當中倒幕大將足利尊氏更爲不滿，其雖被賜予天皇名字中之尊字，但其有意開幕府，而後足利尊氏迫後醍醐天皇退位，並立持明院統之光明天皇。光明策封他爲征夷大將軍，建立室町幕府，是爲北朝之始。而後醍醐天皇被迫退位後設法逃出，持著天皇象徵的三神器退往大和（今奈良縣）的吉野，是爲南朝，至此南北朝終於形成，史書還稱爲「一天二帝南北京」。經過多次攻防後，南朝勢力衰退，終於南朝天皇將三神器交給北朝天皇，南北朝時代於焉結束。直至 20 世紀初期幸德秋水提出當時明治天皇的正統性問題，明治天皇最後作出結論：以南朝天皇爲日本的正統，北朝天皇保留名號，但不列入正統。

〔註 5〕　室町時代（日語：室町時代）係指室町幕府存在嘅年份，時間爲 1338 年到1573 年。此外，哩個時代同時間與南北朝，非正式地同戰國時代並存嘅時間，由足利尊氏成爲征夷大將軍之後直到最後一任將軍足利義昭畀織田信長趕出京都外止。由於長年受到內亂嘅關係，幕府已經控制唔到其他大名，導致幕府權力下降。此外，傳統嘅守護大名大多數受唔住下級武士嘅壓力，而被迫放棄大名一職。此外，葡萄牙嘅商船到日本進行貿易，日本開始同西方國家進行接觸。

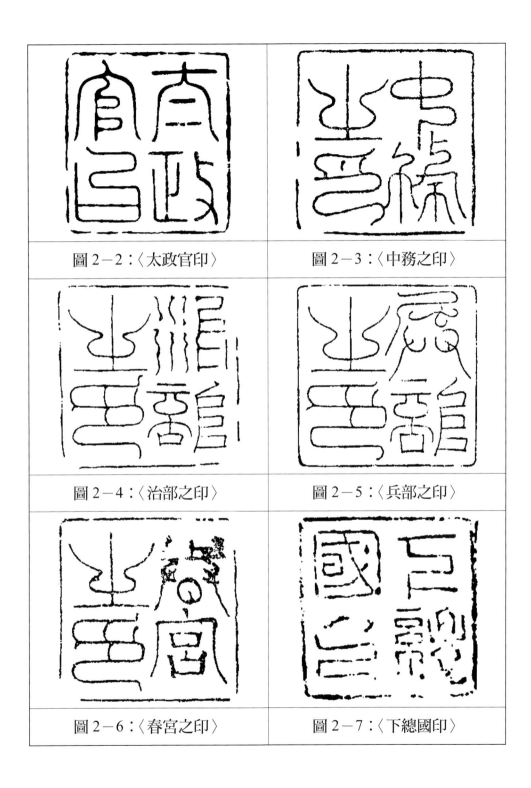

圖 2－2：〈太政官印〉　　　圖 2－3：〈中務之印〉

圖 2－4：〈治部之印〉　　　圖 2－5：〈兵部之印〉

圖 2－6：〈春宮之印〉　　　圖 2－7：〈下總國印〉

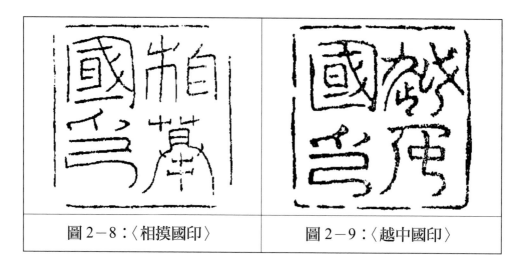

圖2-8:〈相摸國印〉　　　圖2-9:〈越中國印〉

這些中央機構官印,銘文僅有官署之名而不出現官職名稱,所代表的是機構而非主事長官。這即是官署印的根本特性,他所隱含的是一種制度改變,而制度的背後又是政治觀念的調整。

國、郡都是地方行政設置,如同隋唐的州、縣。官印同樣的不再出現官銜之名,顯然也都屬官署印。而在秦漢南北朝,是以太守、刺史、令等官職印作爲相對應的地方行政機構憑信來使用的,秦漢官印體系主體上就是官職印體系。這是帶有根本性的變革。可見,奈良、平安時期所實行的官印體制,性質與隋唐一脈相承。

篆書在日本古代既缺乏傳統,作爲交流應用也無實際功能,它與當時社會的隔膜更是不難想像的。空海被尊爲日本最早的漢字書家之一,應當說他的認識具有代表性。因此,在實行律令制的同時,官印雖很自然地採用唐朝的模式,但彼此文字產生、發展的歷史淵源畢竟不同,鑄印者所能掌握的中國古文字資料亦爲有限。上揭奈良時代官印文字形體中出現的摹仿和變異並存的現象,實際是陷入制度與文字書寫背景兩種因素的衝突,後者即是楷書書法慣性和疏於篆書法則的表現。在急促地接納異地文字形態過程中,這是難以避免的階段。最後,終於導致了平安時代中後期不得不向社會文字書寫主流作了妥協,地方的郡官印和私印大多擺脫篆書模式而更多地採用了楷書印文。

奈良時代的官印實物遺存甚少。這些官文書上的印跡,連同日本早期史籍中有關印制的具體記載,組合成了比較完整的研究史料,是十分珍貴的。相比之下,中國現存隋唐官印實物稍多,而有關官印制度的文獻和印文資料

顯得比較薄弱。由於以上所揭兩者之間的歷史聯繫，因而兩國所遺資料存在不可忽視的互補性，日本古代文書印跡和相關文獻對於深入研究隋唐印制具體內涵方面的價值，是顯而易見的。

第二節　日本篆刻界的鼻祖

一、獨立禪師

　　獨立禪師，原名戴笠，浙江杭州人，南明永曆七年（1653 年，日承應二年）懷著對明朝滅亡深感悲憤，惜別浙江杭州，東渡日本。翌年，以五十八歲的高齡，拜隱元爲師，遂改名爲性易，字獨立，號天外一閒人。他精通六書，善習碑版法帖，對詩文、篆刻、醫道等，無不通曉。書法在中國原就享有盛名，是一位頗具實力的人物。去日時攜去兩顆自用五面印，使日本印人大開眼界。他擅長各種書體，並極力倡導唐式楷風，其書法之精妙，在僧林中出類拔萃。在明朝時曾著有《永陵傳信錄》、《流寇編年錄》、《殉國匯編》等多種著作。此外獨立尤擅於篆刻，從他鈐蓋在書法款記上的「遺世獨立」（圖2－10）、「天外一閒人」（圖2－11）等幾方印來看，雖不能斷定都是他的自作印，但從他對書法和篆刻方面所具有的真知灼見中，其藝術的造詣也是可想而知的。向獨立學習篆刻的日本人有默子如定（1596～1657 年）和京都嵯峨直指庵第三代主持蘭古（？～1707）等人。

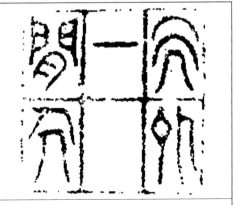

圖2－10：獨立刻〈遺世獨立〉 ｜ 圖2－11：獨立刻〈天外一閒人〉

從獨立所刻的印面來看，頗受中國漢印中，規矩平整的章法影響，用刀的沉穩也和中國印人的氣質不相上下。

二、心越禪師

心越和尚爲浙江金華人，別號東皋，延寶五年（1677 年，康熙十六年）心越接受興福寺澄一禪師的邀請來到日本，他較獨立晚去日本二十多年。初住長崎興福寺，繼而去江戶，由於異宗僧徒的誣陷而一時遭遇到禁錮，後來由德川光國的引荐，去水戶市壽昌山創建邸圓寺，成爲日本第一代曹洞宗的開山祖。獨立與心越兩人的特點相同，除了講經傳法以外，都精六書、擅書法，篆刻是繼承明末清初一路風格，使刀治印，刀味明顯，使日本原來的篆刻藝術開啓一股新風。當時跟他們學習篆刻的人不少，對日本篆刻界有轉折性的影響，日本篆刻界稱他倆爲「日本篆刻的始祖「。心越帶去的陳策編撰的《古篆匯選》〔註6〕手抄本，與他朝夕相伴，愛不釋手，據說臨圓寂前將此書贈給水戶光國。在他圓極後的元祿十年（1697 年，康熙三十六年）水戶藩彰考館將此書加以翻刻刊行，廣爲流傳。這對當時幾乎沒有篆文工具書的日本篆刻界來說，無庸置疑起了很大的促進作用。

| 圖2－12:心越刻圖〈東明枕漱石長嘯臥煙霞〉 | 圖2－13:心越刻圖〈花落家童未歸鳥啼山客猶眠〉 | 圖2－14：心越刻〈放情物外〉 |

〔註6〕陳策的《韻府古篆匯選》，心越生前常置案頭，臨終遺言，將此冊獻大護法西山源公，次年（1697 年）即由水戶彰考館翻印發行，1713 年再版，1903 年博文館用舊版再次刊行，一定程度上解決了日本書法、篆刻界缺乏工具書的問題，極大地促進了日本篆刻藝術的發展。

從心越所刻的印面來看，他和獨立一樣也是一位對中國漢印的用字、造形有相當了解的篆刻家，對於漢印平穩的章法，沉著的金石線條，都表現的不亞於中國的篆人。

第三節　日本篆刻諸流派

日本的篆刻流派大至分爲，初期江戶派、初期江戶派的餘風、初期浪華派、長崎派、京都、大阪的今體派、高芙蓉及其門流。

一、初期江戶派

日本從元祿至天寶（1688～1716）年間，心越的出現使江戶印壇充滿生機。其先驅者當是從心越領教的榊原簧洲〔註7〕（1655～1706年）。他能得刀法，印風爲之一變（圖2－15），爲日本初期江戶派的先驅。他的印章頗受漢印及《飛鴻堂印譜》〔註8〕的影響，有少數印則參考了《古篆匯選》〔註9〕。

〔註7〕 榊原簧洲（1655～1706年），名玄輔，字希翃，通稱小太郎。生於日本明曆元年（1655年，南明永曆九年）。其印譜有《藝窗醉鐵》、《印纂》、《簧洲印影》。撰著有《正緒印章備考》、《書言俗解》、《楷書溯源》等。

〔註8〕 清汪啓淑以家藏古銅印及當時代百數十家印人篆刻蒐集而成。成書於1776年。全書五集二十冊四十卷。板格墨刷。每集四冊，五集合二十冊，各冊有二卷，每卷二十五頁，每頁錄二印至四印，附註釋文及篆刻者姓名，總錄印數約爲三千五百方。每冊均有序。此譜紙料、印色俱精。《飛鴻堂印譜》之印作收錄均極謹慎，每印皆經汪氏相與虛心商榷，方始奏刀，故編輯印譜時間前後約有三十餘年，而編輯過程中亦陸續有譜刊行，故《飛鴻堂印譜》也有不少版本。如1745年有初輯十冊本。版格黑色，每頁二印，註篆刻人姓名。每本均有序，首卷有冬心先生題字，汪啓淑廿一歲小像，凡例十五則。分五集，每集二本，每集有序。又1748年有再輯本，二十四卷。有凡例十五則、諸名家序跋、自序。共三集，每集四冊，每冊二卷，每印之下附注釋。

〔註9〕 陳策的《韻府古篆匯選》，心越生前常置案頭，臨終遺言，將此冊獻大護法西山源公，次年（1697年）即由水戶彰考館翻印發行，1713年再版，1903年博文館用舊版再次刊行，一定程度上解決了日本書法、篆刻界缺乏工具書的問題，極大地促進了日本篆刻藝術的發展。

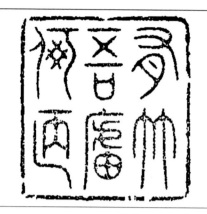

圖 2－15：榊原簧洲刻〈有竹吾廬何陋〉	圖 2－16：榊原簧洲刻〈湖山是我青眼友〉

另有與榊原簧洲爲親交的今井順齊和細井廣澤〔註10〕（1658～1735 年），以及簧洲弟子池永一峰〔註11〕（1665～1737 年）等人，悉心古篆研究，都能繼承心越風格，均在刀法方面大有改變，爲發展日本篆刻藝術作出了貢獻。榊原簧洲、今井順齊、細井廣澤、池永一峰四大家的互相切磋與交遊，才使明人篆刻的趣味最初在日本庶民階層得到廣泛傳播。日本篆刻史稱之爲「初期江戶派」。

圖 2－17：細井廣澤刻〈太平幸民〉	圖 2－18：細井廣澤刻〈玉川子〉	圖 2－19：細井廣澤刻〈廣澤知慎〉

〔註10〕 細井廣澤（1658～1735 年），名公瑾通稱次郎太夫，號廣澤，又號思貽齋、香蕉庵、玉川子、奇聖堂等。有《奇聖堂印譜》傳世。

〔註11〕 池永一峰（1665～1737 年），本姓新山氏。名榮春，字道云，別號市隱、山云水月主人等。篆刻受心越、黃道謙等名師指點，在日本率先製成印譜，著有《一刀萬象》三卷。

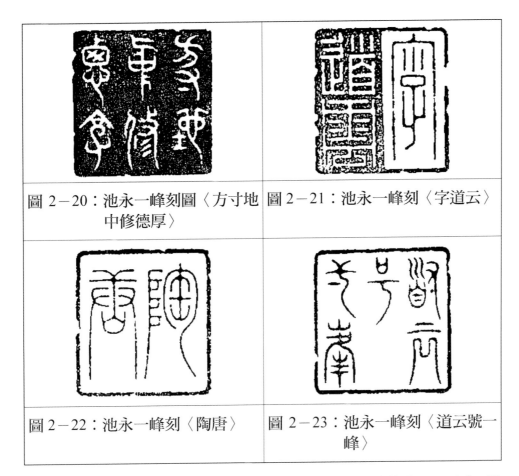

| 圖2－20：池永一峰刻圖〈方寸地中修德厚〉 | 圖2－21：池永一峰刻〈字道云〉 |
| 圖2－22：池永一峰刻〈陶唐〉 | 圖2－23：池永一峰刻〈道云號一峰〉 |

　　池永一峰的篆刻作品，有的是受中國六朝懸針篆一路的啟發，厚重、溫靜，是其長處，但也有明末清初雜體篆一類的影響，篆法乖謬，類似柳葉，做作無力。據說他生前親自刻勒墓碑。

二、初期江戶派的餘風

　　由於初期江戶派名家的推崇，篆刻趣味又由其弟子們在社會上廣泛傳播。師承榊原簧洲的山世寧又繼承心越的刀法，而池永一峰將刀法傳授給其子榮陸。細井廣澤門下的三井親和〔註12〕（1700～1782年）（圖2－24）巧工篆隸，其書風爲一時所重。此時在江戶，以篆隸雜體製作篆刻印章、用於落款的風習在一般庶民階層大爲流行，但多陷入低級庸俗的趣味。

〔註12〕三井親和，字孺卿，號龍湖，又號深川漁夫、萬玉亭等，通稱孫兵衛。篆隸秀麗，印譜有篆刻朱一元的《龍湖連珠集》。

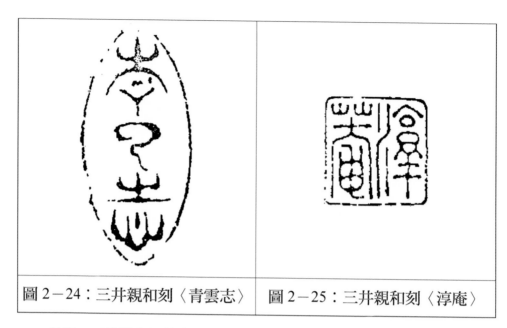

| 圖 2－24：三井親和刻〈青雲志〉 | 圖 2－25：三井親和刻〈淳庵〉 |

最初，三井親和細井廣澤學習書法及篆刻，篆書尤爲得手，書風秀麗，神寺之額、祭祀之幟、商家匾額等多求他題寫，在世上廣爲流行。

三、初期浪華派

較初期江戶派稍晚一些，日本大阪的浪華地方也興起了明末清初今體派的印風。從元文至寶歷（1736～1751）年間，有新興蒙所〔註13〕（1687～1755年）在浪華嶄露頭角。新興蒙所，江戶人，從江戶移居大阪之浪華，受到明末清初今體派風之影響，以方篆雜體作印，有《蒙所資閑》印譜行世。此書第一卷爲擬刻古人私印，第二卷爲成語印，第三卷收錄了福壽印譜。這也屬於方篆雜體一類。

〔註13〕新興蒙所（1687～1755 年），本姓堀，後稱新興氏，叫修興，名光鐘，字中連，通稱文治，號蒙所。篆刻以中國明清所流行的唐宋九疊式篆法爲其特色，可以說以後的所謂初期浪華派的人們，無不出於他的門下。印譜有《蒙所資閑》。著作有《嫺古字譜》、《篆書百家姓》、《積小館書則》、《篆書千字文》等。

圖 2－26：新興蒙所刻圖〈衣帶日 　　　　 已緩〉	圖 2－27：新興蒙所刻〈西廂待月〉

　　其門生俟山〔註14〕（1702～1778 年），浪華人，初名森修來，出家後改為俟山。俟山根據趙宧光《說文長箋》一書，潛心篆文的研究，將用篆書寫成的《古篆論語》和自刻印譜《金剪府》兩部書獻給幕府，由此而聲名大振。此外尚有《修來印譜》、《傳家寶狐白》印譜。

　　俟山、尾崎散、都賀庭鐘〔註15〕（1718～1794 年）、里東白〔註16〕（1715～1780 年）、泉必東等，都是學習明末清初印風的今體派，他們以浪華為中心，將富有裝飾味的方篆雜體印風推而廣之，同江戶傳承初期江戶派餘風的人們一道，東西遙相呼應，呈現出蓬勃生機。日本篆刻史上稱這些人為「初期浪華派」。

〔註14〕俟山（1702～1778 年），俗姓森本，修森，名修來，號玄中，出家後改名俟山，字默隱，號常足道人。努力學習禪學與書法，也擅長繪畫。晚年移居京都、大阪，篆刻形成了初期浪華派的代表性作風。他的印譜有《修來印譜》、《金剪府》、《傳家寶孤白》、《百福壽印譜》。著書有《古篆論語》、《千字異同考》等。

〔註15〕都賀庭鐘（1718～1794 年），字公聲，號巢庵、大江漁人、辛夷館等，通稱六藏。大阪人，享保末年入蒙所門下學習書法。篆刻師承蒙所，顯示出較強烈的裝飾趣味。印譜有《全唐名譜》、《漢委章譜》。

〔註16〕里東白（1715～1780 年），本姓里見，叫修里，號難鳴庵。基於對文房清玩趣味的雅好，篆刻表現出富於裝飾性的面貌。從他的印作來看，除了繼承浪華派的印風外，有些作品則更多地表現出一種裝飾趣味。安永四年，《浪滑鄉友錄》一書將他作為印人名家收錄在冊。印譜有《弄鐵技淵》、《駒陰戰削》、《印變》、《千字文印譜》、《金玉印譜》等。

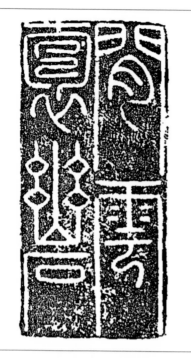 

| 圖2－28：俟山刻〈閒雲懷幽石〉 | 圖2－29：俟山刻〈正藏別號修來〉 |

　　俟山漫遊諸國，努力學習禪學與書法，也擅長繪畫。他的作品可見其華麗的裝飾面貌。

| 圖2－30：都賀庭鐘刻圖〈恭儉文雅〉 | 圖2－31：都賀庭鐘刻圖〈大江一漁人〉 | 圖2－32：都賀庭鐘刻〈開元之寶〉 |

　　都賀庭鐘的篆刻師承蒙所，顯示出較強烈的裝飾趣味，在〈大江一漁人〉（圖2－31）、〈恭儉文雅〉（圖2－32）印中可見。

		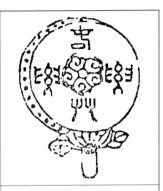
圖2－33：里東白〈昔人已乘黃鶴去〉	圖2－34：里東白〈漢陽樹〉	圖2－35：里東白〈春草萋萋〉

　　從里東白的的印作來看，除了繼承浪華派的印風外，有些作品則更多地表現出一種裝飾趣味。如他所刻的中國唐代詩崔顥的《黃鶴樓》詩句中的〈昔人已乘黃鶴去〉（圖2－33）、〈漢陽樹〉（圖2－34）、〈春草萋萋〉（圖2－35）等，有的懸腳，有的橫劃細、豎劃粗，有的以團扇為形式佈局與構字。在運刀上也同樣具有這種規整的裝飾風格。

四、長崎派

　　長崎，是江戶時代與中國相互往來的門戶，在地理上離中國大陸最近，得地利人和之便，是中國篆刻以各種方式進入日本的必經之地。以源伯民〔註17〕（（1712～1793 年）清水頑翁）為代表的印人，善於詩書，篆刻師承入長崎歸化的丁書嚴、徐兆行的刀法，也時常得到董三橋〔註18〕的指導，學習明末清初流派運刀風格，寶歷六年（1756 年，清乾隆二十一年）完成了《養和堂印譜》及《雕蟲館印譜》，為長崎派印人中最有聲望者，連其後高芙蓉門下古體派的印人們也對他推崇備至、敬佩不已，因地而成名，後人稱之為「長崎派」。

〔註17〕 源伯民（1712～1793 年），名逸，字伯民，通稱利右衛門，號頑翁，別號南山樵夫、養和堂、雕蟲館等。向清人伊孚九學習山水畫，又拜丁書岩、徐兆行兩公為師，學習篆刻，精通諸種刀法。著有《雕蟲館印譜》三卷、《頑翁印譜》四冊。

〔註18〕 出生年不詳，名晴、字宜日、號三橋，清国榕城人，到日本長崎，善草書。

	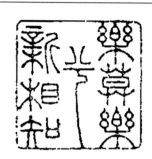
圖 2－36：源伯民刻〈桃李不言下自成蹊〉	圖 2－37：源伯民刻〈樂莫樂兮新相知〉

從源伯民的印作來看，其篆法蒼秀，刀法雄健。

享保年間（1716～1735 年），還有與頑翁一同在長崎學習董三橋刀法的江戶人滕永孚，與其學生田中良庵等人。田中良庵，常陸人，久居江戶，其作品涉取了明清今體派的風格，著有《笠澤印譜》。另外還有永田島仙子，長崎人，居住京都，寶曆二年（1752 年，清乾隆十七年）著成《島仙子印譜》。趙陶齋〔註19〕（1713～1793 年），也是長崎人，印譜有《清閑余興》、《續清閑余興》、《擊壤余遊》、《來耤幽期》等。明治時代以後，又編集了《趙息心印譜》。其作品與源伯民等人極爲相似，屬於今體派，但又融入了文人的氣格而自成一家。

上述這些「長崎派」印人與浪華、京都、江戶等地保持著密切的關係，篆刻藝術從此而興盛起來。

〔註19〕 趙陶齋（1713～1786 年），名養，字仲頤，號陶齋，別號息心居士、息心齋等。印譜有《清閑餘興》、《趙陶齋印譜》等。

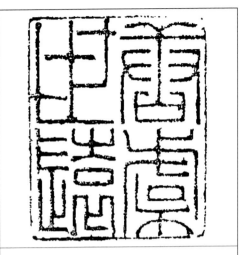

| 圖 2－38：陶齋刻〈孤生長崎經歷東西老來無事茅津寓栖〉 | 圖 2－39：陶齋刻〈唐虞世遠〉 |

　　他的篆刻多取法傳統的古漢印，方正平穩，渾樸文雅，運刀自然，蓬勃有生氣，在當時的篆刻界十分出色。

五、京都、大阪的今體派

　　在篆刻藝術於江戶、浪華等地得以興起、繁榮的同時，中國明末清初的今體派印風又席捲了京都、大阪等地。延享二年（1745 年，清乾隆十年）京都的片山尚宜著成《尚古館印譜》。這部印譜受到當時今體派印風的影響，方篆雜體特色十分顯著分明。接著，寶歷、明和、安永年間，京都的殿亞岱〔註20〕（1704～1782 年）（寶歷六年，1756 年，清乾隆二十一年）完成的《博古齋印譜》，亦仍屬於富有裝飾趣味的今體派。此外，他還著有《雕印傳運刀法》、《亞岱字譜》。今體派盛行之規模可想而知。

〔註20〕殿亞岱（1704～1782 年），名正義，字子方，號亞岱、博古齋，稱殿亞岱、殿正義等，通稱平太。刻印譜有《博古齋印譜》。永安七年春，將以前在長崎授課時講解刀法的講稿輯成《雕印運刀法》一書，由岡崎廬門作序。此外，尚有《亞岱字譜》等。

圖 2－40：亞岱刻〈爲歡〉	圖 2－41：亞岱刻〈光陰〉	圖 2－42：亞岱刻〈浮生若夢〉

殿亞岱雖然其刀風是屬於今體派類型，但是在其富有裝飾性的匠意之中，仍能流露出繼承古體派的痕跡。如〈爲歡〉（圖 2－40）一印鐵線篆，可見其用刀之光潤，〈浮生若夢〉（圖 2－42）印，則在線之交接處增粗，以見筆墨效果，〈光陰〉（圖 2－41）一印，用刀直沖，有挺勁之感，這都體現了他在運刀上的探索。雖然有些印似乎有些做作之態，但從中仍可窺見其嫻熟的技巧。

悟心上人〔註21〕（1713～1785 年），伊勢松阪人，居住京都，與高芙蓉交遊密切，並加入這一流派。相傳他在黃檗山約一年時間閉關不出著成《連珠印譜》一書，對每方印章的書體、印材、印文及刻原者姓名詳加考證，進行周密的研究。

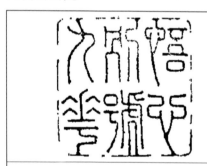	
圖 2－43：心刻〈悟心別號九華〉	圖 2－44：心刻〈勢南芯鈃元明〉

從悟心的印作中可見其穩重的刀法，但依舊不失其華麗裝飾性的設計排版。

〔註21〕悟心（1713～1785 年），名元明，字悟心，號荷庵、一雨、九華等。篆刻刀法得力於細井廣澤、新興蒙所。

　　與悟心交往密切，相鄰而居的終南〔註22〕（1711～1767年），喜好詩書，也長於篆刻。他常與高芙蓉等名家交遊往來。天理大學圖書館古義堂文庫裡，藏有悟心與終南合輯的《終南悟心印譜》。

圖2－45：終南刻〈天年別號終南〉　圖2－46：終南刻〈釋淨壽印〉

　　此外還有京都的林煥章〔註23〕（生卒年不詳）。他年輕時曾師承高芙蓉研習篆刻，後移居關東地區，為東武八王子吉祥寺的住持，寶曆三年（1753年，清乾隆十八年）撰成《煉金集》印譜。此譜收集在江戶時期創作的作品，與後期高芙蓉的古體派不同，是繼承初期江戶派餘風的。

圖2－47：林煥章刻〈好讀古碑〉　圖2－48：林煥章刻〈繡幽蘭之秋華〉

　　大和郡山藩的重臣柳里恭〔註24〕（1704～1758年），素以南宋文人畫先驅

〔註22〕　終南（1711～1767年），俗姓小島氏。名淨壽，字天年，號終南、介石。終南善於書法、篆刻。其印由門人編集成《介石遺稿》，大典作序。還有與悟心篆刻合鈐的《終南悟心印譜》。
〔註23〕　林煥章，生卒年不詳，名魏，號煥章齋。京都人。寶曆三年（1753年，清乾隆十八年）制成《煉金集》、《芙蓉軒私印譜》也將其作品收錄在內。
〔註24〕　柳里恭（1704～1758年），原名柳澤氏，初名貞貴，後改為里恭，字公美，通稱權大夫。詩、書、樂曲、唐詩無所不通，晚年結交池大雅、高芙蓉等人，在日本篆刻歷史上有很重要的位置。

者的美譽而著稱於世。他多才多藝，篆刻也親自奏刀。在他一百五十年祭之
際，由門人編集出版了《淇圓印譜》。

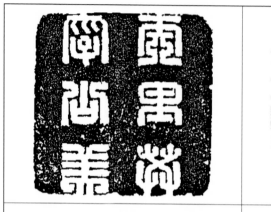 

| 圖 2−49：柳里恭刻〈柳里恭字公美〉 | 圖 2−50：柳里恭刻〈淇□〉 |

　　如上所述，京都、大阪等地湧現出許多印人，其印風都屬於今體派，一
直盛行至高芙蓉古體派印風崛起時爲止，當然也能看到一部分今體派與古體
派名流相互交融的一面。

六、高芙蓉及其門流

　　當日本盛行明末清初較爲低俗的方篆雜體之時，清代中期印人漸轉向崇
尚秦漢之風。不久，日本也掀起「印歸秦漢」的復古之風，中國印學論著如
杜澂的《澂古印要》、甘暘的《印正・附說》、蘇宣的《蘇氏印略》，都成爲當
時理論與實踐的指導而加以刊行。同時也有指導鑑賞中國鈐印的《秦漢古銅
印譜》與浙派丁、蔣與鄧石如的印譜和實物，一掃前期以方篆雜體之弊習，
建立起較爲高雅簡樸之風。其代表人物，首推他少年時進京結識當時名流池
大雅〔註25〕（1723～1776 年）、韓天壽。

────────────

〔註25〕池大雅（1723～1776 年），姓池野氏，幼名又次郎、勤、無名，通稱秋平，
字公敏，後改稱爲貨成、戴成，號大雅。從少年時即開始學習篆刻，與高芙
蓉、韓天壽交遊甚厚，時人稱讚他爲鐵掌印人的鬼才，其作品布局平穩大
方，用刀嚴謹又豪放，印面中充溢著一種端莊而又自由，嚴肅而有生動的氣
象。

圖 2－51：池大雅刻〈山莊大夫〉　圖 2－52：池大雅刻〈巒光水景〉

（一）高芙蓉

　　日本江戶時代〔註26〕（1603～1868 年），在篆刻領域劃時代的偉大人物乃是高芙蓉。高芙蓉（1722～1784 年），甲斐高梨人，大島氏，通稱近藤齋官，名孟彪，字孺皮，號芙蓉，別號冰壑山人、三岳道者、中岳畫史等。因愛富士山取號為芙蓉。擅長詩書畫印，精於鑑賞掌故之學。篆刻尤為絕倫，曾留意從中國來的古銅印印譜及明清家印譜，並積極的評價古銅官私印的藝術性，對日本篆刻的發展起了很大的作用。他排斥當時極為流行的明末清初低俗的方篆雜體，尊崇秦漢古印，提倡古典印風，並主張要打破今體的弊端，恢復古體的正制。他曾督促知己木村蒹葭堂將明代甘暘《印正附說》加上訓點使之出版，其復古精神可見一般。其作品也受到秦漢印與清代浙、皖派的影響，富有新意，古銅印的金石氣與高芙蓉的抒情性產生了共鳴與默契，從而樹立起寬綽自然的高古印風，完成了日本篆刻史上劃時代的偉業，被人仰為「印聖」。

<hr />

〔註26〕　江戶時代（日語：江戶時代）係日本一個時代，為 1603 年到 1868 年為止，當德川家康成為咗征夷大將軍同埋成立江戶幕府之後，由於江戶時代早期開始實行鎖國政策，只批准明朝（同後來嘅清朝）同埋荷蘭嘅商船到日本貿易，形成更獨特嘅日本文化。

圖 2－53：高芙蓉刻〈孺皮〉

圖 2－54：高芙蓉刻〈益道之印〉

圖 2－55：高芙蓉刻〈孟彪〉

圖 2－56：高芙蓉刻〈惟壬寅吾已降〉

圖 2－57：高芙蓉刻〈萬壽萬仲〉

　　從高芙蓉的印作中可見所呈現的是漢印風格，其章法嚴謹穩健，豐神遠出，刀法古拙猶勁，韻味盎然，可以看出高芙蓉治印的非凡功力。

　　高芙蓉的著述，有寶歷十年（1760 年，清乾隆二十五年）完成的摹刻《古今公私印記》印譜，有門弟葛子琴校訂、曾之唯增輯而完成的《漢篆千字文》。歿後由門弟子源惟良編輯成《芙蓉山房私印譜》。此外尚有多種印譜行世。新出版的有明治十六年（1883 年，清光緒九年）中井敬所編撰的《芙蓉先生遺篆》，昭和二十八年（1953 年，民國四十二年）同風印社刊行的《芙蓉先生百七十年祭紀念印譜》等。

（二）高芙蓉的門流

　　高芙蓉的古典主義印風，又由其門人弘揚於天下。門人主要多在京都、大阪。其中，最得先師遺風的要算曾子唯（1738～1797）。

　　曾子唯，曾谷氏，名之唯，字應經，號學川、佛齋、曼陀羅居、九水漁人、半佛居士等，通稱仲介。京都人。後去大阪，他篆刻從高芙蓉多年，深得其師之風神，被稱為「高芙蓉的影子」。曾之唯在奏刀之餘，致力於印學之研究，著有《印籍考》、《印語纂》。此外，還增修高芙蓉編著的《漢篆千字文》並校正出版了多種書籍。有鈐印譜若干和詩文集《曼陀螺稿》。

圖2－58：曾子唯刻〈念佛吾廬〉	圖2－59：曾子唯刻〈何假南面百城〉

　　從曾子唯的印作中，可看出他用刀圓柔中有剛勁，線條較爲含蓄，有的則略有過之，有故爲扭澀之態。

　　高芙蓉的門流，不僅局限於京都、大阪等地，其影響也波及到其他地方。在江戶地區以濱村藏六初世〔註27〕（1735～1794）爲代表。在伊勢方面，有杜俊民〔註28〕（1754～1820年）和源惟良〔註29〕（生卒年不詳）門下的小俣蠖庵等人。

圖2－60：濱村藏六初世刻〈中村連印〉	圖2－61：濱村藏六初世刻〈橘茂喬印〉

〔註27〕濱村藏六初世（1735～1794年），本姓橘，名茂喬，字君樹，號藏六。濱村藏六初世的篆刻，能謹守師法，布局規矩嚴整，深得其師刀法之蘊奧，鋒刀含蓄，運刀中略藏筆意。尤其是仿鑄印一路，更爲突出。濱村家族世代襲用藏六的名子，直至明治時代。

〔註28〕杜俊民（1754～1820年），名俊民，字用章，號石齋，通稱森島嘉四郎，亦稱千吾。篆刻師法高芙蓉，留傳有《石齋印譜》。著有《印道諸家確論》，對高芙蓉派的印學與刀法作了詳實的總結與訂正。

〔註29〕源惟良，生卒年不詳，字顯哉，號東塾，通稱森禮藏。京都人。篆刻師事高芙蓉，深得師法。寬政八年（1796年，清嘉慶元年）春，在圓山廢寢忘食的編集《芙蓉十三回祭追善印譜》，以此表達對先師的無限哀思之情。鈐印稿本有《東塾顯哉道人印譜》。

濱村藏六的印布局規矩嚴謹，鋒刃含蓄，運刀中略藏筆意。

圖 2−62：杜俊民刻〈孟彪〉	圖 2−63：杜俊民刻〈孺皮氏〉

杜俊民的章法布局純宗中國漢鑄印風格，用刀以切刀，古雅雄勁，頗具有浙派丁、蔣之趣。

圖 2−64：源唯良刻〈辦事金剛〉	圖 2−65：源唯良刻〈全榮〉

寬政八年（1796 年，清嘉慶元年）高芙蓉十三回祭之際，由源惟良及余延年〔註30〕（1746～1819 年）等人積極策劃，在全國範圍內有六十八位篆刻名家的作品競相爭艷，促成《高芙蓉追善印譜》。這樣，高芙蓉一派的印風，到期後的明治初期，形成一股巨大的洪流而波及全國，使日本篆刻界綻開異彩紛呈的繁榮之花。

〔註30〕余延年(1746～1819 年)，名延年、禮，字千秋、實文、君壽，號墨山樵者、安淵、魯台等，通稱九郎左衛門。吸取中國元明諸家筆意。少年時赴京都拜高芙蓉爲師學習篆刻，能得其師之法，高芙蓉歿後，他盡心竭力爲師處理後事，其師母將高芙蓉遺愛的印刀贈與他以資勉勵。曾摹刻《宣和集古印史》、《千字印藪》，著有《風塵隨筆》集。

| 圖2－66：余延年刻〈無塵〉 | 圖2－67：余延年刻〈煙霞中人〉 |

（三）江戶末期高派的新風

高芙蓉一派古體印風，一直盛行到幕府末期。到了末流，並非是忠實的繼承古體風格，在其上融入新的要素，也有重新仰慕今體派華麗技巧，往昔的面貌已經失去了魅力，形成了另一派別。在江戶，出自高芙蓉門下的濱村藏六初世的嗣子藏六二世〔註31〕（1772～1819年），深得古印之法，並融入自己的創意，其聲望越發顯著，被印壇譽爲「名人藏六」。同時江戶還有益田勤齋〔註32〕（1764～1833年），在遵循古法的同時，又與初期江戶派同流，追求新意，創出一家風範。他與藏六二世一併被稱爲「江戶兩名家」。

| 圖2－68：藏六二世刻〈越智隆印〉 | 圖2－69：藏六二世刻〈新潟館氏〉 |

〔註31〕　藏六二世（1772～1819年），本名橘，名參，字秉德，號貫齋，通稱濱村藏六。初世之甥，後爲養子。文化四年（1807年，清嘉慶十二年）奉幕府之命鑄刻了聘請朝鮮使節的官印。在博覽《漢銅印叢》《蘇氏印譜》的同時，追慕其法，由融入自己的創見，遂自成一家，世人稱「名人藏六」。他還酷愛書畫古器，長於鑑賞。

〔註32〕　益田勤齋（1764～1833年），名濤，字萬頃，通稱重藏，別號淨碧、雲遠。博通六書，尤擅長篆刻，其名聲甚高，從上流達官至文化、文政時期的文人墨客向他求印者接踵而至，應酬不暇。與濱村藏六二世一併被稱爲江戶篆刻兩名家，其印風吸取初期江戶派的精華，出自古法而善於追求新意，遂自成一家。印譜有《淨碧居印譜》、《勤齋印存》。

圖 2－70：益田勤齋刻〈屏山〉	圖 2－71：益田勤齋刻〈小窗半夜青燈雨〉	圖 2－72：益田勤齋刻〈養拙〉

　　曾根寸齋〔註33〕（1798～1852 年）出自益田勤齋門下，居江戶。其著述《古今印例正續編》，是一部篆刻技法的良書，為世所重。明治時代（1868～1912 年）的篆刻，一方面受到前代高芙蓉一路的影響，同時也有不少人崇尚我國清代中期以後的印風，即重視多方面的藝術修養，詩文、書、畫，亦各有各專長，也可以說是文人印盛行的時代，亦是本論文所探討的重點。

圖 2－73：曾根寸齋刻〈光宙之印〉	圖 2－74：曾根寸齋刻〈老寬〉

　　從曾根寸齋的印作中，可看出瀟灑自然的筆趣之意，任意的在印面中的自由感。

〔註33〕　曾根寸齋（1798～1852 年），名政醇、隼，字翔卿，號寸齋。本姓林氏。篆刻師法益田勤齋之後，技藝大進，能對當世印人及中國漢印有取捨地繼承，因而自成一家。著書有《古今印例正緒》、《印林叢說》等。

第三章　開啓日本近代書學發展的推手

第一節　日下部鳴鶴

　　日下部鳴鶴（1838～1922），幼名八十八、三郎、內記，後改名東作。字子暘，號鳴鶴，別號東嶼，翠雨，野鶴，老鶴，鶴叟等等。出生於日本近代（滋賀縣）彥根武士家庭，右衛門的次男出生於江戶。母加納氏。安政六年（1859 年，鹹豐九年）與同鄉武士日下部三郎右衛門其長女結婚，將田口的姓改爲日下部。第二年，鳴鶴跟隨的大老，井伊直弼（彥根侯）因遭櫻田門外之變而被暗殺，鳴鶴的養父三郎右衛門亦於當時死亡。這時鳴鶴躲進井伊家的藩邸避了此難。文久元年（1861 年，咸豐十一年）二十四歲時，前往京都學習書法，並且決心一心一意地專門研究書法這門學問。他當時見到了幕末第一的書法家貫名菘翁〔註1〕的書法時還不以爲然，二十六歲在京都見到菘翁所書小六曲屛風，遂悟其妙處，因是特地走訪了菘翁門下的松田雪柯〔註2〕、越智仙心等人，尋求菘翁書法眞諦。

〔註 1〕　貫名菘翁(1778～1863 年)，名爲苞，字君茂、子善，通稱政三郎，號海仙、海客、海屋、海叟、摘菘人、摘菘翁、菘翁等，別號方竹山人、須靜主人、三緘主人，而海屋、菘翁爲一般人所皆知。爲江戶時代後期的儒學者、書家、文人畫家。

〔註 2〕　松田雪柯(1823～1881 年)，出生於日本的伊勢山田(現在的三重縣伊勢市)，名元修，字子踐，幼名慶太郎，通稱縫殿，號雪柯，別號澹所等。爲貫名菘翁的弟子。

　　明治元年（1868 年，清同治七年）日下部他作爲征士，被新政府召爲太政官的少書記官，後進升爲大書記官，當時明治政府的三條實美太政大臣與大久保利通內務卿等對於日下部鳴鶴都非常的信任。此時銘鶴住在東京麴町駒井小路（後平河町五丁目），同鄉的近江水口出生的巖谷一六亦住在他領居，兩人是書友，後來也是親家，交往甚密。明治九年（1876 年，清同治九年），明治天皇駕臨大久保利通邸時，鳴鶴跟書家金井金洞〔註 3〕、畫家安田老山、藤堂凌雲等均在御前臨池揮毫，並引以爲榮。從那時起，鳴鶴與住在東京的文人墨客交誼日深。明治十一年（1878 年，清同治十一年），大久保被暗殺事件，明治十二年日下部鳴鶴決意辭官，專心投入書法研究的生活。

　　明治十三年時（1880 年，光緒六年），楊守敬（1839～1915）出使日本，攜帶了約一萬數千餘本的中國歷代碑帖、拓本到達日本。這段期間日下部鳴鶴看見了許多漢魏六朝的拓本，與巖谷一六〔註 4〕、松田雪柯共同師學於楊守敬的中國書法、金石學等。這段期間對於日下部鳴鶴有著深遠的影響，後來形成日下部鳴鶴明治時期的代表風格。

一、日下部鳴鶴到中國的交流

　　明治二十四年（1891 年，清光緒十七年），日下部鳴鶴到上海、杭州，和中國第一線的書法家有了交流，也和吳昌碩第一次認識，也是這個時候，拜見吳大澂〔註 5〕、俞曲園〔註 6〕、楊峴〔註 7〕等人。明治四十年（1907 年，清

〔註 3〕　金井金洞（1833～1907 年），名之恭，字子誠，號金洞、梧樓、錦雞等。通稱五郎。書法家。

〔註 4〕　巖谷一六（1834～1905 年），出生於日本滋賀縣，爲書法家、政治家，本名爲修，幼名爲辨治，字誠卿，號爲一六，別號古梅・迂堂・金粟道人等。

〔註 5〕　吳大澂（1835～1902 年），字止敬，又字清卿，號恆軒，吳縣（今江蘇蘇州）人。清代學者、金石學家、書畫家。

〔註 6〕　俞曲園（1821～1907 年），近代著名書法家。浙江德清人。晚號曲園居士、曲園老人，又署曲園叟、曲園波（有印章）、茶香室說經老人，室名右台仙館，自號右台仙館主人，又有達齋、樂知堂、好學爲福齋、春在堂、俞樓、鶴園，別稱德清太史，自稱海內翰林第二。道光三十年進士。歷任編修，河南學政。以事罷官。僑居蘇州。終身從事著述和講學，先後主講蘇州紫陽書院、上海求志書院。

〔註 7〕　楊峴（1819～1896 年），字見山。

光緒三十三年），組織書法社團「談書會」，研究討論建賞作品，並有揮毫等活動。大正六年（1917 年，民國六年），曾舉辦日下部鳴鶴八十壽辰慶祝酒會，祝壽宴在日本橋俱樂部舉行，當時「大同書會」也因此而宣告成立，並創刊了《書勢》書法雜誌發刊。

　　另外，明治二十四年（1891 年，清光緒十七年）3 月，日下部鳴鶴第一次到中國來時，與中國吳昌碩、吳大澂等書家文人進行了交流，當時的楊守敬因臥病在床並未與日下部鳴鶴見面。但日下部鳴鶴曾被當地中國人稱爲「日本書聖」，皆稱日本書聖來到中國而熱烈歡迎他。當時所定的鳴鶴先生書潤表（圖 1），是一項重要的資料，有助如於更加瞭解，當時日下部鳴鶴於中國書畫圈活躍的程度，也加深了他到中國後如何和中國書畫市場的互動，進行其更加深入的研究。清光緒十九年（1891 年，明治二十四年）4 月 17 日，刊載於《申報》的書潤啓事內容如下：

　　日本鳴鶴先生書潤

　　東瀛日下君子暘，號鳴鶴，夙工書法，篆隸眞草，罔不入漢晉之室，而於摹仿金石碑銘，尤爲樸雅近古。近以腬仕〔註 8〕既倦，遊歷我華，詩酒往還，殆無虛日，人有持縑素句〔註 9〕染翰者，輒信手應之，玉版溪藤，幾案爲滿。予曰：是直將於膠山絹海中受無量苦趣矣，曷弗酌收潤筆，俾得稍助遊資乎？先生掀髯一笑曰：諾。爰定規例如左：匾額每字大一元、中七角、小五角。堂幅大四元、中二元、小一元。紈摺扇琴對琴條七角。隸楷加倍。字小行密者酌加。碑版冊頁手卷及大件另議。辛卯仲春王紫詮、陳哲甫、黃夢畹同定。

　　寓在樂善堂藥房。

依其內容所示可知，當時日下部鳴鶴已兼擅正草隸篆四體書法，並長於金石碑銘的研究，能得漢晉遺韻，書風樸雅近古。同時「詩酒往還，殆無虛日」表示與文化界的往來相當密切，而「幾案爲滿」大受歡迎。依其價格「堂幅大四元」，若與 21 年後吳昌碩 1912 年的缶盧潤目〈七十歲時〉〔註 10〕的「橫直整張，四尺書畫一例捌兩」價錢相比較，雖然日下部鳴鶴的價錢是吳昌碩

〔註 8〕　腬仕：厚祿高位的官吏。

〔註 9〕　句：同句、丐。

〔註 10〕　松村茂樹：〈吳昌碩が定めた潤格について〉，《書論　第三十號──特集西泠印社》，158 頁，1998 年 4 月 30 日發行，京都，書論研究會。

的一半，但也還是可以想見日下部鳴鶴在中國受歡迎的程度。在民國十年（1921年，日大正十年）時的一兩爲當時銀元一元四角〔註11〕。

日本鳴鶴先生書潤 （申報1891年4月17日）
　　東瀛日下君子暘，號鳴鶴，夙工書法，篆隸真草，罔不入漢晉之室，而於摹仿金石碑銘，尤爲樸雅近古。近以臙仕既倦，游歷我華，詩酒往還，殆無虛日，人有持縑素勻染翰者，輒信手應之，玉版溪藤，几案爲滿。予曰：是直將於膠山絹海中受無量苦趣矣，曷弗酌收潤筆，俾得稍助游資乎？先生掀髯一笑曰：諾。爰定規例如左：

扁額每字大一元　　中七角　　小五角　　堂幅
大四元　　中二元　　小一元　　紈摺扇琴對琴
條七角　　隸楷加倍　　字小行密者酌加　　碑
版冊頁手卷及大件另議

辛卯仲春王紫詮　陳哲甫　黃夢畹同訂
　　　　　　　　寓在樂善堂藥房

圖3-1：日本鳴鶴先生書潤

　　在日下部鳴鶴，回到日本之後他用當時到中國遊學的收穫，在日本書壇上發揮。並且在楊守敬到日本訪問的同時，他大量的吸取中國金石知識，在兩項寶貴的交流經驗中，他吸取中國所長，落實了中國六朝風尚（格）的書法以及金石學，在日本書法史上，有相當重要的地位。

二、歸日後的日下部鳴鶴

　　日下部鳴鶴與日本中林梧竹〔註12〕（1827～1913）、河井荃廬〔註13〕（1871

〔註11〕松村茂樹：〈吳昌碩が定めた潤格について〉，《書論　第三十號——特集西泠印社》，158頁，1998年4月30日發行，京都，書論研究會。
〔註12〕中林梧竹（1827～1913年），名隆經，通稱彥四郎、字子達，號梧竹，別號個開、忘言、鳳棲軒等，兩度到中國訪問交流。
〔註13〕河井荃廬（1871～1945年），京都人，爲刻字師河井仙右衛門的長男，幼名德松，二十二歲時改名先郎。幼年時拜神山鳳陽爲師，畢業後與林雙橋學習詩文，且和鳩居堂的熊穀直之爲同窗。十八歲時師篠田芥津，開始了篆刻的學習之路。在他的二十歲左右時的邊款，可以看見他刻有川井德的落款，以及字得。號初爲荃樓、荃廔，此時大約是二十六歲左右時的號，在他三十

～1945）等人成立談書會，對於書法的鑑賞以及研究都有很大的貢獻。日下
部鳴鶴，曾周遊全國，留下許多書跡，門下優秀學生輩出，其主要門人有渡
邊沙鷗〔註14〕、黑崎研堂〔註15〕、近藤雪竹〔註16〕、井原雲外、丹羽海鶴〔註
17〕、山本竟山〔註18〕、比田井天來〔註19〕、吉田苞竹〔註20〕等後俊。對於近
現代日本書壇有很大的影響。

　　大正十一年（1922年，民國十一年）一月二十七日，日下部鳴鶴去世，
享年八十五歲。被葬在東京都世田谷區豪德寺的墓地裡，墓碑爲吳昌碩題篆：
「日下部東作、德配琴子之墓」（圖3－2）。此外還有由內藤湖南撰文，集鳴
鶴書法字而成的「鳴鶴日下部先生碑銘」。

歲第一次到中國時，改號爲荃廬，別號分別爲默仙、木仙，二十七歲時爲伯
漁，二十八歲時爲知幻道人，二十九歲時爲蕵屬、萇生、幻道人，還有學古
道人、東都移居後有九節丈人、蒼羊等等。堂號爲金荃樓、忘荃樓、忘荃
廬、今是草堂、六不刻菴、繼述堂、寶書籠、讀宜室等。

〔註14〕渡邊沙鷗(1864～1916年)，出生於日本名古屋的書家，名爲周，號爲沙鷗，
別號飛清閣主、清華道人、東海道人等，年輕時期亦號爲清華。

〔註15〕黑崎研堂，日本書家，出生於日本山形縣鶴岡市，曾任日本議員、金融機關
社長等。

〔註16〕近藤雪竹（1863～1928年），出生於日本江戶的書法家，名富壽，字考卿，
號雪竹，別號聽泉樓主人，落款一定爲「雪竹富壽」，事師於日下部鳴鶴。

〔註17〕丹羽海鶴（1864～1931年），出生於日本岐阜縣的書法家，本名正長，幼名
金吾，字爲壽香，號爲海鶴，晚年落款爲海崔，事師日下部鳴鶴。

〔註18〕山本竟山（1863～1934年），名爲由定、縣定，通稱卯兵衛、號爲竟山、別
號聾鳳，日本美濃岐阜縣人。明治10年（1877）十五歲時師學書法於神穀
（1823～1904年），十七歲時，師學漢學於小林長平（1834～1914年），十
八歲時，師學書法於王鶴筌（生卒未詳），明治15年（1822）二十歲時，師
學金石文字於陳曼壽（～1884年），明治21年（1888）二十六歲時，拜師於
日下部鳴鶴，並爲日下部鳴鶴「四天王」的其中之一。因爲與日下部鳴鶴學
習，因此聽說楊守敬諸事，於是在明治三十五年（1902）三月，在老師日下
部鳴鶴的介紹之下，到中國求師而與楊守敬結識，一直到楊守敬過世，都持
續聯絡與學習。

〔註19〕比田井天來（1872～1939年），出生於日本長野縣的書法家，被稱爲「現代
書道之父」。

〔註20〕吉田苞竹(1890～1940年)，出生於日本山形縣的書法家，字子貞，號苞竹，
別號無爲庵主人、逍遙窟主人、清泉等。

圖 3－2：吳昌碩題篆：「日下部東作、德配琴子之墓」

　　鳴鶴的書法代表作品有〈大久保公神道碑〉（圖 3－3），並有近於千數的碑碣亦分佈於日本各地。其生前著述有《禹域遊草》〔註21〕、《學書經歷談》〔註22〕等，其所書範本字帖亦甚多，如日本現在坊間出版的《三體千字文　千字文双書 14》〔註23〕、《三體千字文　楷書　行書　草書　文海堂書道叢書 37》〔註24〕、《鳴鶴翁楷書帖》〔註25〕、《和漢名家習字本大成　第 12 卷　大久保公神道碑》〔註26〕。另外，未刊稿本《寰宇訪碑錄合編》爲比田井天來的兒子比田井南谷所藏。

〔註21〕《眞跡鳴鶴遺墨稿全集 5》，〈禹域遊草〉，昭和 44 年，日本教育書道學會。
〔註22〕日下部鳴鶴：《學書經歷談》，福岡書道會出版。
〔註23〕日下部鳴鶴：《三體千字文　千字文双書 14》，1980 年，日本習字普及協會。
〔註24〕日下部鳴鶴：《三體千字文　楷書　行書　草書　文海堂書道叢書 37》，1978 年，文海堂。
〔註25〕日下部鳴鶴：《鳴鶴翁楷書帖》，1935 年 10 月，駸駸堂書店。
〔註26〕日下部鳴鶴：《和漢名家習字本大成　第 12 卷　大久保公神道碑》1933 年 11 月，平凡社。

圖 3－3：日下部鳴鶴書〈大久保公神道碑〉

　　鳴鶴的有關傳記資料，除了《學書經歷談》、《鳴鶴日下部先生碑銘》以外，還有門人井原雲涯編輯的《鳴鶴先生叢話》〔註27〕。

第二節　楊守敬

　　楊守敬（1840～1915），原名開科，後更名守敬，字惺吾、號鄰蘇老人。湖北宜都人。家中以經商營生，五歲時喪父，由祖父撫養成長，奠定良好的學習基礎，後因祖父年事已高，他一面協助家業，一面致力於學習。爲清末歷史地理學家、金石文字學家、目錄版本學家。少年時期奮力求學，同治元

〔註27〕　井原雲涯：《鳴鶴先生叢話》，大正十四年，昭文堂出版。

年（1862年，日文久元年）舉人，同治四年（1865年，日元治元年）考取景山宮學教習。但其仕途並不順遂，赴北京參加會試前後七度會試均落第，於是對於科舉死心，遂而著論。儘管如此，每次入京赴考期間，他都乘機遍遊京師書肆，廣泛搜羅古書和碑版文字，由此奠定了他的目錄版本學和金石考據學的基礎。二十九歲時著作《激素飛青閣平碑記》，次年著《激素飛青閣平帖記》，三十四歲時計劃《望堂金石文字》初集、二集，三十九歲時編成《楷法溯源》、《寰宇貞石圖》、《鄰蘇園法帖》，晚年應日本學生水野疏梅之求而作《學書邇言》等。

據《鄰蘇老人年譜》所記，光緒五年（1879年，日明治十二年）大晦日，因赴會試之準備而滯留北京的楊守敬，接到出使日本大臣何如璋之信函，想採用楊守敬作爲自己的隨員赴日云云。楊守敬的答覆是，欲等會試結束後再前往日本。結果光緒六年（1880年，日明治十三年），楊守敬第六次會試不中，無奈之下，於是那年夏天應何如璋之招請，作爲使館隨員出使日本。可是他剛到東京不久，公使何如璋與副使張斯桂之間，因人事問題發生不和，於是楊守敬的隨員採用問題亦被擱置起來，暫時寄居在使館。那後不久，正副公使之任期已滿，行將歸國，繼任公使爲出使英國參贊的黎庶昌（1837～1893），但是，無論何如璋也好，楊守敬也好，均與黎庶昌一面之交也沒有，而且亦無人能給作介紹。因此，楊守敬亦作好歸國的打算，遂與何如璋商議此事，因此爲了自己歸國之費用的問題，請求作爲隨員採用數月，以便攢出旅費，與張斯桂商量的結果是：「同意正式採用楊守敬作爲隨員」。

然而，當時楊守敬未及回家就攜家帶眷到日本，隨身攜帶的漢魏六朝碑版等 13000 多件書法作品和古錢、古印都一起帶到日本，沒想到這些東西竟然發揮了奇特作用。（一）這些碑版拓片多爲日本書家所未見過，傳教給日本的書家，爲日本書法注入了新鮮血液，並在日本刮起一股碑版的旋風，成爲影響日本現代書法的先導。（二）當時，日本正值維新之際，提倡新學，遂棄舊學，古典漢籍更是被看作落後的象徵而隨意拋擲。於是楊守敬得以大量購進許多國內已散佚的善本秘笈。並在森立之〔註28〕的建議下，蒐集中國古籍，

〔註28〕 森立之（1807～1885年），號枳園居士，日本江戶後期傑出的醫學文獻家、考證學家、醫學教育家，森氏學識淵博，勤於著述，一生著作甚多，其涉及領域廣及目錄學如《經籍訪古志》等，考據學如《左傳考注》、《夏小正考注》等，以及歷史如《扁倉傳考注》、醫學等。據日本研究統計，其著述著作多達180餘種，其中醫學著作佔了絕大多數。

而其成果有《古逸叢書》、《日本訪書志》、《留眞譜》等書籍。回國後任勤成學堂總教長，築鄰蘇園，藏書甚豐，書法宗歐陽詢。

　　楊守敬雖然身爲駐日使館隨員，但是他本身並不會說日語，所以他和日本人間都是以筆談的方式溝通。不僅是他，幾乎中國使館的人員都是如此，因此在這段期間中日兩國都留下了許多珍貴的筆談史料。明治年間，日本隨著開放通商，自中國傳入書法著作和碑版法帖，引起書家的注目。如段玉裁所著的《段氏述筆法》（圖 3－4）於明治十三年（1880 年，清光緒五年）在日本刊行時，就有太政大臣三條實美〔註29〕的題字「山陰遺法」，日下部鳴鶴的序文，和巖谷一六的跋文，可見重視的程度。

《段氏述筆法》書皮。

《段氏述筆法》內頁。

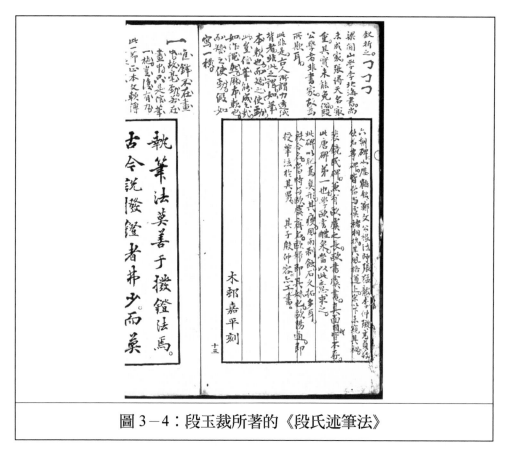

圖 3－4：段玉裁所著的《段氏述筆法》

　　段玉裁所著的《段氏述筆法》在明治十三年（1880 年，清光緒五年）二月，由日本松田雪柯自費出版，在楊守敬明治十三年（1880 年，清光緒五年）四月訪日時，日下部鳴鶴、巖谷一六與松田雪柯，一同前往向楊守敬詢問其書不了解的部分。在明治十六年（1883，清光緒八年），時由日本前田默鳳經營鳳文館之際，再次出版此書。《段氏述筆法》一書的題字為三條美實、序文為川田甕江撰，日下部鳴鶴書、本文為松田雪柯書、跋文為松田雪柯和巖谷一六書、刻書者為當時名家木村嘉平。朱色眉批與註解部分為日下部鳴鶴書，當時他們用筆談的方式進行溝通，討論有關用筆方法的問題。

圖 3－5：楊守敬故居，湖北省宜都

一、楊守敬到日本前的影響

　　在楊守敬於清光緒六年（1880 年，日明治十三年）到達日本以前，他在清光緒四年（1878 年，日明治十一年）的《楷法溯源》〔註30〕，及收藏的碑版法帖曾經由黃遵憲〔註31〕的介紹，在日本引起矚目。

〔註30〕楊守敬：《楷法溯源》，四川，成都古籍出版社。《楷法溯源》14 卷，又古碑、集帖目錄 1 卷。此書完成過程，大抵由潘存和楊守敬共同收集材料，由潘存點出精要，楊守敬仿瞿氏《隸篇》之例，用 10 年時間編成。其編次和雙鉤描字之法，均仿《隸篇》。其所集之字自漢碑文至五代楊凝式《韭花帖》，涉碑帖計 700 多種，有名字碑大抵具在。在選錄中，有些名碑大碣，鍾、王之書，或有取捨，而魏、晉、南北朝造像、墓誌收入極多，行書一般不錄，但李邕、楊凝式行楷也已收錄。

〔註31〕黃遵憲（1848～1905 年），字公度，別號人境廬主人，生於廣東嘉應州。晚清詩人，外交家、政治家、教育家。

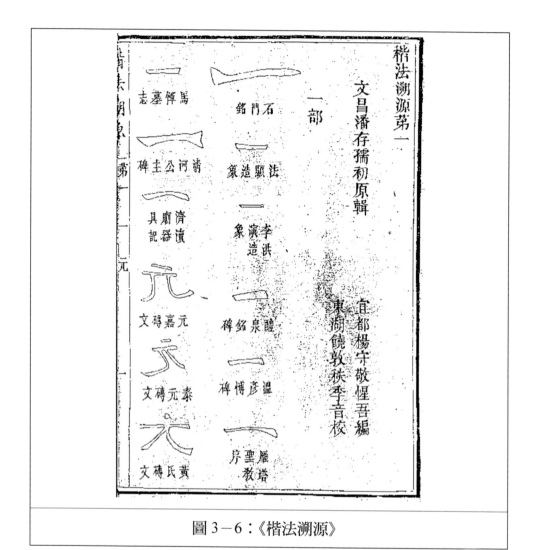

圖 3-6：《楷法溯源》

　　故在楊守敬到達東京之前，東京的書法家們也已經開始積極的學習六朝書風。在明治十年（1877 年，清光緒三年）十二月，清國公使館開設，次年九月餘元眉出任長崎總領事。明治十二年一月，中林梧竹經林雲逵介紹結識餘元眉，透過筆談梧竹向餘氏學習六朝書風。根據村田社草所寫的〈潘存的門人楊守敬、餘元眉的功績〉中可見，余氏對梧竹曾有讚詞云：

　　日本字風將以梧竹先生爲開山之祖，餘昔攜碑本東渡。得足下臨之以廣其傳，亦與有榮焉。〔註32〕

〔註32〕村田社草：〈潘存的門人楊守敬、餘元眉的功績〉墨雜誌季刊第十三號，《中國清朝之書》，157 頁，1992 年 10 月 5 日，日本藝術新聞社出版。

明治十二年（1879 年，清光緒五年）二月三日由松田雪柯發起「述筆法堂清談會」，以固定聚會的方式研討《段氏述筆法》（圖 3－4）一書的內容。這些聚會的成立顯示了東京書家對六朝書法的重視。同年二月二十八日，嚴谷一六、日下部鳴鶴、木村嘉平、矢土錦山等成立「墨帖會」，交換臨書心得及碑帖收藏。明治十五年（1882 年，清光緒八年）十月，余氏任滿歸國，梧竹並隨其渡清，得以獲機向潘存請益。也就是說，日本學習六朝書風是在楊守敬於明治十三年夏天到達日本以前就開始了。而楊守敬豐富的收藏和書論作品恰使這股風氣成爲「楊守敬旋風」。

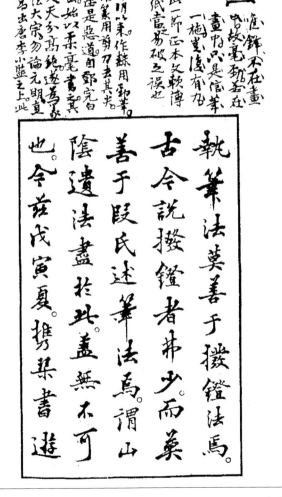

圖 3－7：《段氏述筆法》日下部鳴鶴讀本（欄外爲朱筆眉批）

《段氏述筆法》釋文（圖 3－7）：

> 唯鋒不在畫中。故毫勁。若在畫中。只是信筆一拖，豈復有力。此一節正本文軟薄低當之易破之誤也。自明以來，作隸用勁筆，作篆用剪刀去其尖，甚是惡道！自鄧完白出，始以柔毫書之，其人天分高絕，遂爲篆法大宗。勿論元明，直高出唐李小監之上。此……

> 執筆法莫善于撥鐙法焉。古今說撥鐙者弗少，而莫善于段氏述筆法焉。謂山陰遺法盡於此，蓋無不可也。今茲戊寅夏，攜琴書遊……

段玉裁所著的《段氏述筆法》中認爲，用筆的力道有無，來自於筆鋒的藏露問題，如果用不正當的筆鋒下筆，只是隨手的拖動筆畫，線條並無力道可言。從明朝以來寫篆隸用硬筆，是一項不好的習性。但在清鄧石如，以來開使用較軟筆去書寫，認爲鄧石如對於篆書的體會非常的好，是一位很有天分的大家。不論元、明朝，已經直高出唐李陽冰之上。在這段文字中表示段玉裁認爲篆書必須要用軟毫，也看得出非常欣賞鄧石如篆書的書寫風格。

以下歸類出幾點，楊守敬與日本書家之間的來往情形，希望更加的瞭解當時楊守敬帶給日本的影響，以及日本書家與楊守敬的交流。

二、楊守敬與日下部鳴鶴、巖谷一六、松田雪柯

日下部鳴鶴與來日的楊守敬初次見面是在明治十三年三月二十七日，當時他對楊守敬的印象如何，可由井原雲涯《鳴鶴先生叢話》〔註 33〕中獲知：

> 那是明治十三年前後的事，一位叫楊守敬的男子，作爲當時支那公使何如璋的顧問，來到日本。關於楊守敬，我們早有所聞，知道他是有名的金石學家，因此與一六、雪柯商量好，決定如果他來，就馬上前去請教他的見解。當時他不懂日語，我們也不懂北京話，只得全部用筆談。可是最初三人都不認爲他是個如何的大學者，內心還看不起他。但是隨著交往增多，他在學問上的遠見卓識的確使人佩服，尤其有幸的是，楊帶來了一萬好幾千的拓本，得以飽覽的機會，這對當年的吾輩而言，實可稱作金科玉律的研究資料。至於楊爲何帶了這麼多的拓本來日本，乃因當初在北京受何公使招聘，無

〔註33〕井原雲涯：《鳴鶴先生叢話》，大正 14 年（1925 年），大阪，興文社出版。

暇繞道荊州鄉裏收藏圖書拓本，便直接帶了行李來日，雖然麻煩，
但仍將當時在北京的全部物件攜來赴任云云。有幸的是，這些都是
我們根本無法看到的東西。〔註34〕

根據上文的記載，鳴鶴等在楊守敬來日以前就已聽說過他的傳聞，並且當初
也並不認爲他是一位如何了不起的大學者，內心還有點看不起他。鳴鶴、一
六、雪柯等人，和當時日本的知識份子一樣，一般來說，他們漢學素養深厚，
在書法方面，書寫及理論兩方面亦有著十分的工夫之累積，即使在今天的日
本，像鳴鶴、一六這樣的人物，不僅被公認爲傑出的書法家，也被公認爲獨
成一家的漢詩人。其自尊心當然非常強，所以對於一個從中國來的普通人，
他們最初之所以內心還看不起楊守敬也是可以理解的。另據《鳴鶴先生叢話》
中所收的井原雲涯撰《日下部鳴鶴先生小傳》中更有詳細數目記載：「歷代碑
版，凡一萬兩三千及各種法帖「，更爲重要的是，鳴鶴與楊守敬最初會面的
時間亦被清楚地記下爲明治十三年三月二十七日。

另外於明治十二年（1881年，清光緒六年）5月24日松田雪柯因健康原
因要返回伊勢山田鄉裏。臨行前的送別會，楊守敬還應邀與嚴谷一六、日下
部鳴鶴、川田甕江、山中信天翁、矢土錦山，在清華吟館一起爲松田雪柯餞
別，餞別時皆寫贈言，眾家推楊守敬題字書首。而這就是載入日本書壇史冊
的〈南浦贈言〉〔註35〕（圖3－8）序。可是雪柯在歸鄉後不久，于同年九月
三日，五十九歲而卒。即將達到藝術的完美境界卻夭折了，令人惋惜。而楊
守敬於晚年寓居上海，賣字爲生，自號鄰蘇老人。

圖3－8：〈南浦贈言〉楊守敬題字，43歲

〔註34〕 文物出版社編：《中日書法史論研討會論文集》，第261頁，1994年，北京，
文物出版社出版。

〔註35〕 南埔，語出《楚辭》中《九歌·河伯》：送美人兮南埔。意爲南方的水涯，
此處則指雪柯故里伊勢。

〈南浦贈言〉（圖3-8）云：

　　南浦贈言。辛巳五月，與東瀛諸友集清華吟館，爲雪柯居士餞別，

　　諸君各有贈言，囑守敬書首。

《年譜》中記有：是時，與日本文人往來最密者，巖谷修一六、日下部東作鶴鳴、岡千仞振衣等人名。這裡面還有一位未被記入的重要人物，即是松田元修雪柯。人名被記入的岡千仞（1833～1914）字振衣，通稱啓輔，號鹿門。仙台藩士，出東京入昌平黌學習，師事佐藤一齋、安積艮齋。明治三年（1870年，清同治九年）任大學助教，後歷任修史館協修、東京圖書館館長等。明治十七年（1884 年，清光緒十年）五月二十九日與任期已滿即將歸國的楊守敬以及姪兒岡濯等人從橫濱港一道乘船出遊中國。據他當時以漢文所寫的旅行日記《觀光記遊》〔註36〕可知，他與中國的著名學者文人進行了交流，是一部極爲珍貴的資料。另外還著有《藏名山房文鈔》、《藏名山房雜著》等爲數不少的漢文著作。

三、歸國後的楊守敬

　　楊守敬歸國後也和鳴鶴經常保持著書信來往，但是楊守敬寄給鳴鶴的書信似幾乎已經大部分散佚。另一方面，湖南省博物館裡，楊守敬所寫的書信草稿，確被好好地保存著，其中也包含給鳴鶴的書信。

　　楊守敬於光緒十年（1884 年，日明治十七年）歸國，先後在湖北省黃岡縣教書並在黃州府儒學任教，歷任武昌的兩湖書院教授、中央政府任禮部顧問等，辛亥革命爆發時到上海。

　　楊守敬歸國後，爲日本人的碑碣書題篆額的有〈吟香岸田翁碑〉、〈從三位嚴谷君之碑〉二碑，廣爲人知。兩碑均爲三島毅撰文，日下部東作書丹。〈吟香岸田翁碑〉爲明治四十四年（1911 年，清宣統三年）六月建立，在東京都墨田區之墨田川神社內。岸田吟香曾在上海設辦樂善堂分店，是一位與中國人交往十分密切的人物，與楊守敬也許有著其關係。〈從三位岩谷君之碑〉爲明治四十四年（1911 年，清宣統三年）七月建立，在滋賀縣水口町之大岡寺內，爲爲嚴谷一六的碑而篆寫的。係日下部鳴鶴通過山本竟山委託楊守敬之

〔註36〕文物出版社編：《中日書法史論研討會論文集》，第 261 頁，1994 年，北京，文物出版社出版。

揮毫的。這點可由日下部鳴鶴明治四十三年（1910年，清宣統二年）七月十六日寄竟山的信中得知：

> 明年爲嚴谷一六翁歿後七年之忌矣，光陰如箭。就此事當與翁之門人知友共議之，擬於其故里水口爲翁立碑以傳不朽，老朽亦添列爲發起人之一。然近聞人言，傳楊最近已入鬼籍，未知風傳之可信否，足下上日西渡時可曾留意此事？盼盡早爲我一報。若楊至今尚健在，欲委求書篆額，不知以何方式爲宜？因有關筆潤等等諸有關方式，餘實不甚明瞭，還望足下爲之考慮。此事亦相煩復音一報。〔註37〕

這封信中提到，明年爲嚴谷一六翁，過世後的第七年祭，感慨光陰似箭，想要和嚴谷一六的門下弟子商量，在他的老家立起他的碑，以爲紀念所用。近來聽說楊守敬已經過世，想要山本竟山下次到中國時，探究是否爲正確的消息。若只是錯誤的，希望山本竟山告訴他，因爲日下部鳴鶴想委託楊守敬題篆額，因爲不知道用怎麼樣的方式，所以希望可以透過山本竟山作進一步的了解。另一方面則是有關潤筆費的部分，因爲日下部鳴鶴表示實在不了解，所以希望透過山本竟山，可以尋求出自己想要得解答。其實當時楊守敬尚健在，並應承了鳴鶴的委託，揮毫題寫了篆額。

　　楊氏感嘆因經濟困苦，雖賣字姑且能偷生，但因年老而不能多書等內情于信中可知，還有，在這封信裡，有鳴鶴委楊氏作書一事，此事在日下部鳴鶴給山本竟山的書信裡則有頗詳的情況透露，如在大正元年（1912年）八月十三日的鳴鶴信中提到：

> 「楊惺吾翁於今亦在上海避難，此事乃由入春以來往還信中得知大略。聞得家產藏書皆陷沒於武昌城中，無法取出，故得於今寄居上海，大致情形乃以鬻字爲生。年老後而遭此艱難，實令人不能不憫憐之。足以學張廣告以募欲得彼書者，以濟彼一時之急，不意囑書者超出預想，已逾兩百餘幅，今楊書已寄至，分發之事亦得完畢。」等〔註38〕。

〔註37〕《中日書法史論研討會論文集》，第270頁，1994年，文物出版社。
〔註38〕文物出版社編：《中日書法史論研討會論文集》，第268頁，1994年，北京，文物出版社出版。

信中還談及潤筆金之事，說以中國的先付潤金的方式，結果不會理想，以日本習慣即後付潤金的方式進行轉交，希望得到楊的理解，十月去上海時，若見到楊氏，請委婉說明此事云云。〔註39〕

民國元年（1912年，日明治四十五年）中國民國政府成立，他派家人到武昌，並將大量的藏書和半生心血所著的《水經註疏》文稿送於上海。另一方面楊守敬應日本人所求揮毫題字或題跋，以此尚能維持家計。《水經註疏》為楊守敬與其門人熊會貞竭畢生之力作，楊氏與熊會貞於明治十年（1877，清光緒三年）年開始撰寫，至民國二十五年（1936年，日昭和十一年）熊氏稿成，共逾六十年。他對於金石、書學、地裡都有深入的研究，論著有《歷代輿地圖》、《水經註圖》、《隋書地理誌考證》、《寰宇貞石圖》、《水經註疏》、《楊守敬集》、《日本訪書志》等書。

民國三年（1914年，日大正三年）他不便拒絕臨時大總統袁世凱的硬性邀請，赴北京就任新設的參政院參政。然而，不久就在翌年即民國四年（1915年，日大正四年）一月九日（舊曆甲寅十一月二十日）無大病而故，享年七十七歲。

〔註39〕同註36。

圖3-9：楊守敬紀念館

　　楊守敬一生，雖未曾中過進士，但在學術界卻頗負盛名。楊氏學術成就最著者爲輿地之學，被譽爲「開輿地學之新紀元」的歷史地理學家；二是金石學，在楊守敬的收藏中，金石碑版一直是很重要的組成部分；三是版本目錄學，楊守敬藏書數十萬卷，光緒二十三年（1898 年，日明治三十一年）楊守敬刊行了他在日本訪書時所見的各種珍秘古籍的知見錄《日本訪書志》，在目錄學有很大影響，楊守敬又有《藏書絕句》一卷三十二首，曾以筆名「晦堂」、「王葆心」在民國二年（1913 年，日大正二年）創刊的《文史雜誌》上發表。民國三年，楊守敬應聘爲袁世凱顧問，這些書又隨楊守敬移至北京。現大多藏於臺灣故宮博物院。

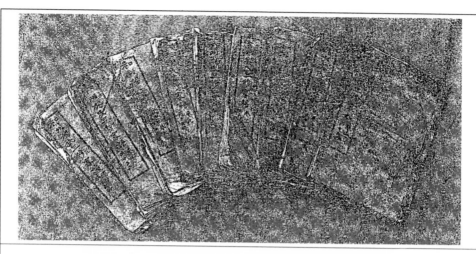

圖 3－10：楊守敬主編《和州楊氏三修家譜》

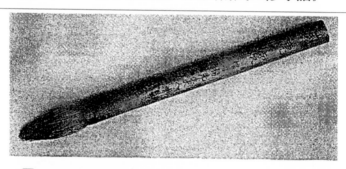

⑨ 楊守敬遺愛の硯　外盒は骨製

圖 3－11：日本友人贈送給楊守敬的毛筆和楊守敬用的硯台

四、楊守敬與松田雪柯的筆談、書信

（一）松田雪柯日記

明治十三年（1880 年，清光緒六年），當楊守敬到日本時爲四十二歲，雪柯五十八歲，巖谷一六爲四十六歲，日下部鳴鶴四十三歲，日本的這三個人都比楊守敬年紀稍大一些。一六和鳴鶴，直到楊守敬離開日本，始終與他有著深交。

雪柯特別是自五十歲左右直到晚年，用毛筆寫漢文日記並已成爲日常的習慣，在與楊守敬交往的時期也寫下了詳細的日記。雪柯所作的日記原件共計十三冊，現藏在其孫松田宏家中。其中雪柯在東京的那段期間的日記是在明治十二年（1879 年，清光緒五年）一月一日至十四年四月二十日止，共有四冊。這部日記對於瞭解雪柯的生活、思想、書法以及與楊守敬、黃遵憲等人的交流方面堪稱獨一無二的珍貴資料。

雪柯可能是從鳴鶴、一六等人那裡聽說楊守敬來日，但他實際去清國公使館拜訪楊守敬，至少如日記所記的應在明治十三年（1880 年，清光緒六年）七月十七日。日記這樣寫到：

> 1880 年 17 日晴。島田蕃根來。三時，同巖谷、日下部二君及島田氏訪清公使館，謁黃遵憲、楊守敬二子，請觀楊氏所攜漢碑碣。楊子云：「所藏不下數萬種。」侍者與方四尺許皮函來，示數十種。其夥實有望洋之嘆。楊子云：如此皮函有十個。其精金石學可知也。請賣《楷法溯源》、激素飛清閣藏碑，見諾之。明朝，貴使來付之雲。諸君筆談移時，辭去。歸路，憩山王山上亭，頗涼冷，一洗人間暑熱。〔註40〕

依上文可知，雖然這天見到了聲望很高的詩人黃遵憲〔註41〕，但日下部鳴鶴、松田雪柯等四人最關心的仍是楊守敬所帶來的碑碣拓本。楊守敬來日時曾帶來了《楷法溯源》（潘存原輯）、《激素飛清閣藏碑》等許多新刊著書，以頒發給日本同好。再看同年八月二十一日條，此日記敘述了雪柯、鳴鶴等人前往清國公使館拜訪楊守敬、鑑賞漢魏六朝及唐代諸碑版之情形。鳴鶴還拜借了〈裴鏡民碑〉等四帖，以及當日晚上楊守敬回訪雪柯寓所之情形，讀來意味深長：

〔註40〕 《中日書法史論研討會論文集》，第 262 頁，1994 年，文物出版社。

〔註41〕 黃遵憲(1848 年 4 月 27 日～1905 年 3 月 28 日)，字公度，別號人境廬主人，生於廣東嘉應州。晚清詩人，外交家、政治家、教育家。

二十一日晴 同日下部君訪楊守敬於清公使館，請漢魏六朝及唐諸
碑。其目多而不能悉記之。就中，〈顏魯公爭座位帖〉宋拓而墨光如
漆，精彩奕奕射人，真神品上上也。日下部君借四帖，中有裴鏡民，
殷令名所書，其書兼有歐、虞之長，楊氏以為唐碑第一，似不誣矣。
今夕將訪余寓居。後來者松浦、木村、堀三子。

黃昏，楊惺吾氏來。日下部、堀二氏亦來，互筆談，質所疑。余寓
無廚房，故不能供酒飲，唯供粗茶粗果耳。請恕之雲。楊氏云：茗
香談藝，正我輩樂事，肉食者為鄙，自古為然。辭還，夜已十一時。
〔註42〕

另外從〈松田雪柯東都日記〉裡，可以發現松田雪柯訪八稜研齋等記錄以及
楊守敬與雪柯、鳴鶴之間的交流情況。

1879 年，四月三日午後，秋香、竹窗兄弟來訪，仝訪八稜研齋，示
所珍藏墨本數種。

四月十八日，日秘書來訪，仝嚴編修所屬耕山八稜研齋書畫墨來，
惠投一筍。

五月六日，黃昏，赴八稜硯齋書畫筵，夜先眾歸。

五月八日，訪日君八稜研齋、達文石堂書，邂逅擁書城主。

九月二日，訪八稜研齋，示翁敘文。

九月八日，訪八稜硯齋，贈幹瓢壹把。

九月二十一日，午後，訪八稜研齋，錦山兄亦來。

1880 年，三月十二日，又訪八稜研齋，逢松陽兄。〔註43〕

〔註42〕 《中日書法史論研討會論文集》，第 262 頁，1994 年，文物出版社。

〔註43〕 書論編輯室：《書論　第二十九號》，第 118～127 頁，1993 年 12 月 31 日發
行，京都，書論研究會。

書論編輯室：《書論　第三十號──特集　西泠印社》，第 213～220 頁，1998
年 4 月 30 日發行，京都，書論研究會。

書論編輯室：《書論　第三十二號》，第 207～213 頁，2001 年 3 月 31 日發
行，京都，書論研究會。

書論編輯室：《書論　第三十三號》，第 161～171 頁，2003 年 11 月 30 日發
行，京都，書論研究會。

書論編輯室：《書論　第三十四號》，第 176～187 頁，2005 年 4 月 1 日發行，
京都，書論研究會。

另外，在〈松田雪柯東都日記〉裡可以看見，由松田雪柯、嚴谷一六、日下部鳴鶴等人，所組成的「清談會」記錄。以下分為例會與非例會兩部分。〔註44〕

例		會
1879 年		
三月十日	星期一	例會，諸君來集，姓名錄別冊。
三月二十四日	星期一	例會，會者十一名，錄別冊。
四月七日	星期一	例會，會者十四人，錄別冊。
四月十四日	星期一	午後例會，會者十四人，錄別冊。
四月二十一日	星期一	午後三時，例會，會者十五人，如例講論語。
四月二十八日	星期一	午後，例會，嚴、日二君以下會者錄別冊。
五月十九日	星期一	午後例會，會者錄別冊。
五月二十一日	星期三	午後例會，會者數人，此日以兩三名不來休講義，又以嚴君不來，休二十四家文抄會讀。
五月二十六日	星期一	例會，會者別錄之。會散、竹海、錦山、秋池訪嚴君。
六月二日	星期一	例會，會者十名，錄別冊。

書論編輯室：《書論　第三十五號》，第 233〜239 頁，2006 年 10 月 1 日發行，京都，書論研究會。

書論編輯室：《書論　第三十六號》，第 291〜297 頁，2008 年 8 月 23 日發行，京都，書論研究會。

〔註44〕　書論編輯室：《書論　第二十九號》，第 118〜127 頁，1993 年 12 月 31 日發行，京都，書論研究會。

書論編輯室：《書論　第三十號——特集　西泠印社》，第 213〜220 頁，1998 年 4 月 30 日發行，京都，書論研究會。

書論編輯室：《書論　第三十二號》，第 207〜213 頁，2001 年 3 月 31 日發行，京都，書論研究會。

書論編輯室：《書論　第三十三號》，第 161〜171 頁，2003 年 11 月 30 日發行，京都，書論研究會。

書論編輯室：《書論　第三十四號》，第 176〜187 頁，2005 年 4 月 1 日發行，京都，書論研究會。

書論編輯室：《書論　第三十五號》，第 233〜239 頁，2006 年 10 月 1 日發行，京都，書論研究會。

書論編輯室：《書論　第三十六號》，第 291〜297 頁，2008 年 8 月 23 日發行，京都，書論研究會。

六月九日	星期一	午後三時例會，會者八人。
六月十六日	星期一	午後例會。會者錄別冊。
六月二十三日	星期一	午後二時例會，諸君來，是日始臨講孟子。
六月三十日	星期一	午後例會，會者錄別冊。
七月七日	星期一	午後例會，會者錄別冊。
七月十四日	星期一	午後例會，會者錄別冊。
七月二十一日	星期一	例會，會者錄別冊。
八月十一日	星期一	午後，例會，會者七人，錄別冊。
八月二十三日	星期六	午後例會，會者錄別冊。
八月三十日	星期六	午後，例會，會者錄別冊。
九月六日	星期六	午後例會，竹海先來，臨娑羅樹碑，會者錄別冊。
九月十三日	星期六	午後例會，會者錄別冊。
九月二十日	星期六	午後例會，會者錄別冊。
九月二十七日	星期六	午後例會，會者錄別冊。
十月四日	星期六	午後例會，會者錄別冊。
十月十一日	星期六	午後例會，會者錄別冊。
十月十八日	星期六	午後例會，會者錄別冊。
十月二十五日	星期六	午後例會，會者錄別冊。
十一月一日	星期六	午後例會，會者錄別冊。
十一月八日	星期六	午後例會，會者錄別冊。
十二月十三日	星期六	午後例會，會者錄別冊。
十一月十五日	星期一	午後例會，會者八人，錄別冊。
十二月二十日	星期六	午後例會，會者錄別冊。
十一月二十二日	星期一	午後例會，會者錄別冊。
1880 年		
一月十七日	星期六	午後會者，岩溪裳川、八木下義府、松田幸敏、矢土錦山、橋村景玉、齋藤実穎、吉田水石、嚴谷一六。
一月二十四日	星期六	午後發會，與會者十餘人，錄別冊。
一月三十一日	星期六	午後例會，會者錄別冊。

二月七日	星期六	午後例會，會者錄別冊。
二月十四日	星期六	午後例會，會者錄別冊。
二月二十一日	星期六	午後，例會，會者錄別冊。
二月二十八日	星期六	午後例會，今日諸君不集，秋池、米陰二子來。
三月六日	星期六	午後例會，會者錄別冊。
三月十三日	星期六	午後例會，會者錄別冊。
三月二十七日	星期六	午後例會，會者錄別冊。
四月三日	星期六	午後例會，衝雨秋池兄來，商確五七絕數首，尋錦山・景玉來，然不參與多者，以故休講義。
四月十日	星期六	午後例會，會者錄別冊。

非	例	會
1879 年		
二月三日	星期一	今日初開清談會，會者：嚴太史、日太史、吉田雲八、安藝正英、武藤本生、橋村景玉、松田幸敏、竹中知賢、錦山、皆春。
二月二十四	星期一	午後，清談會，諸子來訪，姓名錄別冊。錦山以頭痛先歸。
七月二十三日	星期三	彬吉若山人，餘嘗聞其名，今始相見，請別清談會社員。 夜，嚴君來，踞竹床，而談君公日訪清欽差大臣何如璋，語其所話大意。
八月十六日	星期六	午後，清談會，研湖兄先眾來，示二程印譜。
九月二日	星期二	訪八稜研齋，示翁敘文。
十一月九日	星期天	早天，塩田重弦書來雲，今夕印人數輩來會，有小閑來訪。
十二月二十二日	星期二	午後四時，馳車至藤堂公邸，主君以今日多至會客，故總飲食，亦用其意，示明人尺牘、高鳳翰雲根小帖、黃石齋先生斷碑硯等，會者錄于左。 松浦北海、福田鳴鷙、濱村藏六、渡邊小崋、樋口趨古、中井敬所、前田了白、塩田重弦周旋。

　　在這份〈松田雪柯東都日記〉中，可以看出在明治十二年（1879 年，清光緒五年）三月到到八月中旬，幾乎都是固定在星期一定期聚會，直到八月中旬後到明治十三年（1880 年，清光緒六年）四月，幾乎都是固定在星期六聚會。例會的時間，大約都是一個星期一次，多聚集在午後。

　　在內容上，他們聚會所討論的部分從日記中可以看到有，《論語》、《孟子》等，不只是在書法碑帖上的研究討論，還對於中國儒家的哲學思想，進行討論，可以在松田雪柯的日記中看見，這一群日本書家學者，對於中國文化、精神的嚮往與努力。

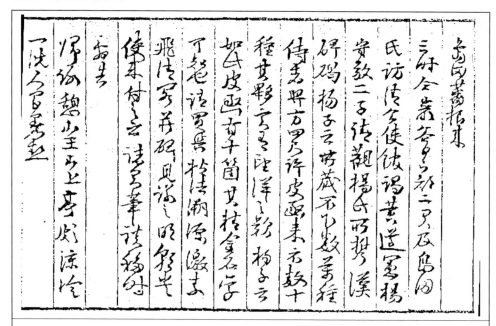

圖 3-12：〈雪柯日記〉明治十三年（1880 年，清光緒六年）七月十七日

（二）筆談記錄

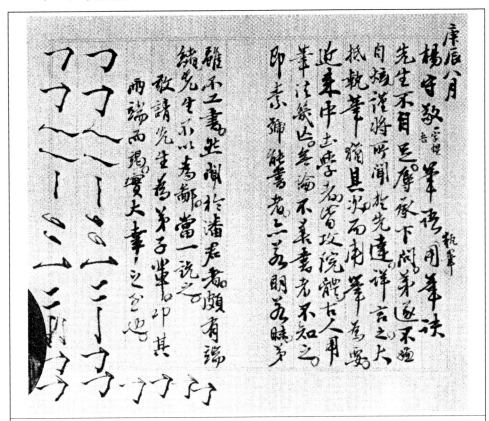

圖 3－13：日下部鳴鶴所繕寫《巴稜研齋隨錄》〔註45〕，刊載於《墨》
雜誌第 45 號——11 月號巖谷一六、松田雪柯、日下部鳴鶴
和楊守敬之間的筆談記錄（重抄本）。

圖 3－13 云：

　　庚辰八月，楊守敬（一字惺吾），筆語執筆用筆訣。先生不自足，辱
承下問，弟遂不嫌自炫，謹將所聞於先達，詳言之。大抵執筆猶其
次，而用筆爲要。近來中土學者皆攻院體，古人用筆法幾亡。無論
不善書者不知之，即素號能善書者亦若明若曉。弟雖不工書，然聞
於潘君者頗有端緒，先生不以爲鄙，當一說之。（楊守敬）

　　敢請先生爲弟子輩叩其兩端而竭，實大幸之至也。（巖谷一六）

〔註45〕　《墨》雜誌第 45 號——11 月號，第 18 頁，1983 年 11 月 1 日，東京，藝術
　　　　新聞社出版。

楊守敬與巖谷一六筆談時，舉了折勾、勾、折、捺等 12 例不同的筆法。

　　在楊守敬與鳴鶴筆談內容裡，有鳴鶴就「藏鋒」說這一問題，請教楊守敬，楊不僅做了回答，而且還涉及到隸書、篆書、楷書等的學習方法諸多問題。下面就抄錄一段楊守敬對於「藏鋒」說所做的答語如下：

> 大抵作書，不可無法，亦無定死法。多讀書，自能作文，多見名跡，自能書。無徒拾前人牙慧，斯為得耳。藏鋒者，力透紙背之謂也，如有浮滑筆力不佳，便不是藏鋒。藏鋒之說最妙，如粗獷者硬筆為力，非藏鋒。嫩稚者以浮滑為美，亦非藏鋒。藏鋒者，如直道之士，深沉不露，而其中藏不可測度，不使人一覽而盡。又如深山大澤中藏老虎，不使人一望而知。豈無岩谷鋒棱之謂乎。我朝亦有為藏鋒之說所誤者，其字如土木偶人。不出鋒，便土木偶矣。〔註46〕

對於藏鋒說，古來有種種說法，而他的觀點與其說是具體筆法，不如說他更重視的是書家的人格方面。接著在回答隸書、楷書的學習方法，有如下筆談：

> 孔宙非不佳，然其用筆圓，學隸欲從方筆入手。曹全碑亦不可學。曹全、孔宙如正書之趙（孟頫）、董（其昌），非不悅人目，然學之者易趨熟滑，故必求生硬者入手。學楷法，宜六朝入，亦是此意。〔註47〕

在楊守敬看來，學習隸書不應從圓媚入手，而宜從方正入手，熟滑應予避免，而入手者求之於生硬較好。而楷法應由六朝學起，亦同此意等等。筆談中也觸及到對鳴鶴書法的評語：

> 餘曰：所謂熟中生，尤可服膺。（鳴鶴）
>
> 惺吾曰：公書法已有生意，弟尤勸公再求生。〔註48〕

楊守敬所談的學書真諦，即所謂由生至熟，再由熟返生，此說應該認為是董其昌所倡導的書論的一種延續。

〔註46〕杉村邦彥：〈楊守敬與日下部鳴鶴──近代中日書法交流史之發軔〉，《中日書法史論研討會論文集》，第 263 頁，1994 年，文物出版社。
〔註47〕同註 58。
〔註48〕杉村邦彥：〈楊守敬與日下部鳴鶴──近代中日書法交流史之發軔〉，《中日書法史論研討會論文集》，第 264 頁，1994 年，文物出版社。

（三）谷臣鐵所藏〈眞草千字文〉

智永所書〈眞草千字文〉，此冊後有楊守敬、鳴鶴寄谷鐵臣的信函及鳴鶴的卷末識語，接著還有羅振玉，內藤湖南的題跋。楊跋末有「光緒辛巳夏六月，荊州楊守敬識於東京使館」字樣，可知是光緒七年（辛巳，1881 年，明治十四年）在東京的清國公使館題寫的跋文。

以楊跋和鳴鶴的信函來綜合分析這件〈眞草千字文〉當時爲谷鐵臣〔註49〕所藏。鳴鶴與谷鐵臣是同鄉友人，楊守敬是由於鳴鶴的介紹，由谷鐵臣郵寄給楊守敬而作了此跋。現錄此跋如下以供參考：

> 世傳永師喜書千字文，傳世凡八百本，然自宋以來，爲關中古刻本有薛嗣昌跋、俗稱鐵門限者，其他集帖中皆無別本。餘學得□雨若所鑄一冊，曰寶墨軒，雲是王文成破宸濠所得，其中「唯」、「淵」字缺筆，或是武德時人所臨。日下部鳴鶴見之，因言其友人如意山人藏眞跡本，與此絕相似。乃致書山人，屬其墨本來對照。山人欣然郵寄，乍睨之，彷彿同出一源。細審乃覺有謹肆之別，觀其紙質墨光，定爲李唐舊笈無疑，又可知餘本實有所受法，非同鑿空之比。趙子固稱虞永興廟堂碑爲楷法極則，今廟堂原石已亡，永興得法於永師，則謂此千字文爲廟堂眞影可也。又，永師爲右軍嫡嗣，淵源有自，今右軍墨筆已不可見，過庭雖稱善變，然過趨勁快，識者病之，惟永師寓變化於謹嚴，山陰門庭於斯不遠。書此以質鳴鶴，並以寄山人雲。光緒辛巳夏六月。荊州楊守敬識於東京使館。〔註50〕

〈智永眞草千字文〉冊，單帖，南朝陳、隋年間僧人智永書。智永（約 510～約 610），王羲之七世孫，出家爲僧，居山陰（今浙江紹興）永欣寺。據載他曾臨寫眞草千字文八百本，分施浙東諸寺。此碑爲大觀三年（1109 年，日天仁二年）薛嗣昌據長安崔氏所藏眞跡所刻，明代時遷入西安碑林，又稱關中本。凡 8 石，每石 27 行。正、草書各一行間書，每行 12 字。原石存陝西西安碑林博物館。智永的〈眞草千字文〉眞跡在唐代已很少，至宋代更難見到。流傳至今較爲可靠的本子主要有 3 種：一是唐代流傳日本的墨蹟本；二

〔註49〕　谷鐵臣（1822～1905 年），號太胡，後號如意山人，彥根藩士，善詩文。晚年隱居京都西加茂之靈源寺。詩文集有《如意遺稿》，其中卷九收有《無款二體千字跋》。當時士對其所藏智永《眞千字文》所作之跋。

〔註50〕　杉村邦彥：〈楊守敬與日下部鳴鶴——近代中日書法交流史之發軔〉，《中日書法史論研討會論文集》，第 265 頁，1994 年，文物出版社。

是北宋大觀三年（1109 年，日天仁二年）薛嗣昌刻本；三是南宋《群玉堂帖》40 行殘本。這三種本子的書體風格較為一致。

故宮所藏拓本系宋拓，共 27 開，每半開尺寸縱 23.8cm，橫 11.5cm。字口清晰，筆劃較明拓肥潤。唐蘭先生曾予鑒定。有題簽三：朱翼盦書二、王鐸書一。後附頁有題跋一，朱翼盦書。鈐「王鏞之印」、「古癖生」、「蕉林收藏」、「柳芝堂珍玩圖書記」4 印。拓本濃墨撲拓，白麻紙挖鑲剪方裱。紙墨淳古，開卷生香。裝潢精美，淡色織錦面，外鑲楠木邊框，風格典雅高貴。存薛氏大觀年刻跋後的小楷「侄方綱摹」、「李壽永、壽明刊」兩行款字。這些字在較晚的拓本中已不全。拓本原為朱翼盦先生收藏，後捐故宮博物院。

在智永〈眞草千字文〉中，其眞書圓勁古雅，草寫豐美勻適。蘇軾〈東坡題跋〉曰：「永禪師書，骨氣深穩，體兼眾妙。精能之至，反造疏淡。」

該刻在明郭宗昌〈金石史〉，清孫承澤〈庚子銷夏記〉、顧炎武〈金石文字記〉、王昶〈金石萃編〉、張彥生〈善本碑帖錄〉、楊震方〈碑帖敘錄〉等書中著錄。

這篇跋文提到，傳世中的智永所書〈眞草千字文〉，有多種版本，自宋以來，為關中的古刻本有薛嗣昌的跋文，其他的帖中皆無。他所學的版本中，「唯」、「淵」兩字有缺筆，他推測為武德時的人所臨的。在日下部鳴鶴見到此版本，就說和他的友人如意山人所藏之版本，極為相似，故想和此墨本進行對照的工作。而山人也欣喜的郵寄，以供對照。在乍看之下，這兩本墨跡彷彿同出一源，但如果仔細觀察，就會看出其中的異同，就紙張來看，應是唐時期的舊紙。他認為以他學習智永所書〈眞草千字文〉的觀點來看，他認為這部，智永所書〈眞草千字文〉所書寫的文字形態來看，都與王羲之、孫過庭相甚不遠，故楊守敬書此跋文向日下部鳴鶴題出問題。

（四）三井高堅的收藏

寄居上海的楊守敬經濟困難，不得不出賣自己心愛物的藏品。而山本竟山、日下部鳴鶴又是酷愛碑帖字畫，而且收藏癖也很大的人。從楊守敬及其友人藏品中，凡自己有力量能買的，想必是盡量購買。如果是極其珍貴的名品，其價格也相應很貴，所以他們也不可能全部購買。那麼，這時幸運的就是在日本當時有一個最大的財閥名叫三井聽冰閣主人（名叫三井高堅），對中國的碑帖有著濃厚的興趣，不惜重金購買和收集。

明治三十六年（1903 年，清光緒二十九年）一月十一日，日下部鳴鶴寄給山本竟山的信中說到：

> 前日餘已言之矣，即兄西渡清國之前，可否抽暇東上與三井氏一晤，此意現不知兄已決否？兄若得東上，憑老朽三寸之舌，定當爲此事盡力耳。〔註51〕

更有大正六年（1917 年，民國六年）一月九日之信云：

> 今日三井氏來訪談，及兄再西渡前是否上京，余觀察似有購求惺悟翁所藏高價名碑帖，且欲直接面君以拜託此事之意。至於兄之經費，彼似有願出若干以濟兄作補助之意。望兄於西渡前一二日抽暇上京，想兄亦或忙於諸事，不知可否成行？切盼回復。又武昌亦有三井物產分店，兄購物用金，或可由彼處暫爲代支，此於兄應可謂方便也。又，兄之旅費，余意彼似亦有援助若干之意。要件如右〔註52〕

也就是說日下部鳴鶴從三井氏那裡聽說他欲求購楊守敬所藏名碑帖，並不惜高價購求之事，隨即寫信告訴即將前往中國的山本竟山，請他出國前上京與三井氏直接會面商談此事。終於，三井氏的願望得以實現，關於貨物從中國運到日本來的情況，在日下部鳴鶴給山本竟山的另一封信中，雖不清楚具體時間，但可以大致瞭解。其信中云：

> 前日由上海所發的小包郵寄物及郵船會社之郵寄物均已陸續到達，然不得與兄相見，則艱於處置貨物。是以日盼兄之東上。前日三井氏已往鎌昌避暑，聞其至下月五、六日左右即回東京。〔註53〕

在清末民初的混亂時期，中國的許多文物都紛紛流入日本。其中自然有些是採取不正當的手段奪取來的。但至少在日下部鳴鶴、山本竟山的斡旋下，三井所購之物是採取正常的方式進行的。

五、水野元直

（一）水野元直與中國文人的交遊

水野元直（1864～1921），福岡縣人，名元直，字簡卿、廉卿，號疎梅。

〔註51〕 杉村邦彥：〈楊守敬與日下部鳴鶴——近代中日書法交流史之發軔〉，《中日書法史論研討會論文集》，第 269 頁，1994 年，文物出版社。

〔註52〕 杉村邦彥：〈楊守敬與日下部鳴鶴——近代中日書法交流史之發軔〉，《中日書法史論研討會論文集》，第 269 頁，1994 年，文物出版社。

〔註53〕 同註64。

玄洋社社員、韓國政府顧問等。大正五年（1916 年，民國五年）到中國與吳昌碩、王一亭〔註54〕，師學楊守敬，將楊氏所論著的《學書邇言》之草稿，帶回日本。他與多位清代時的文人書畫家多有交往互動。水野元直四十七歲到上海，經過王震的介紹，拜吳昌碩爲師，學習中國繪畫。

圖 3－14：水野疎梅（右）和吳昌碩

〔註54〕 王一亭（1867～1938 年），名震，號白龍山人。早年習商，加入同盟會，資助辛亥革命。因酷愛書畫，從任伯年學畫，山水則以元濟、吳鎮爲宗。能畫人物、花鳥、走獸，尤擅佛像，晚年幾乎每天畫一幅佛像，與吳昌碩亦師亦友。先後任中國佛教協會執行委員兼常務委員、佛學書局董事長、世界佛教居士林副林長、林長等職，賣畫所得款項大多用於慈善事業。建有「梓園」，廣收名畫，後散失於民間。有《白龍山人詩稿》和《王一亭書畫集》。

圖 3－15：吳昌碩書《疎梅詩存》篆題

圖 3－16：左起：吳涵、吳昌碩、水野疏梅、王一亭合影

（二）書學邇言

　　清宣統三年（辛亥，1911 年，日明治四十四年）八月楊守敬因戰亂到上
海躲避，是時因日本學生水野元直，到中國向他學習，於是著作這本《書學
邇言》作爲教材。

　　根據《書學邇言》〔註55〕（圖3－17）中寫於宣統三年（1911年，日明治四十四年）十二月十五日的序：

> 辛亥八月，武昌事起，餘避兵上海虹口。有日本水野元直，自福岡縣來，欲從余受金石學，餘以老髦且遭亂離辭之，而元直執意不回，堅欲拜門下。時元直寓居高昌廟，依其友於同文書院，每日往返廿餘裏，無間風雨，不憚跋涉之勞。餘憫其誠，許之商量，四閱月而歸，餘爲作書學邇言授之。書此以爲執證。其年嘉平月望日。鄰蘇老人記，時年七十有三。眼昏手戰，書不成字，蓋不安眠者巳月餘矣。

〔註55〕楊守敬：《書學邇言》，1974年4月初版，臺北，藝文印書館。

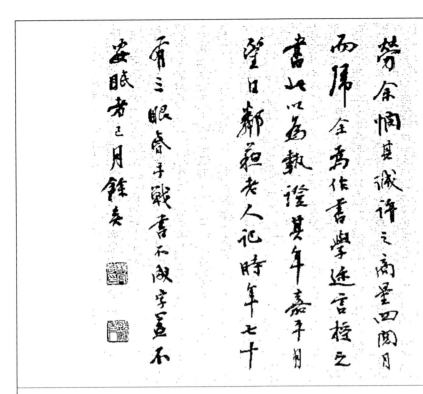

圖 3－17：楊守敬書《書學邇言》序文

　　從這一段序中可以出這本《書學邇言》，當時的歷史背景。在這樣艱困的
戰爭環境下日本人，水野疏梅還是前往中國，在環境條件惡劣下，向楊守敬
求教。相信是這樣的精神感動了楊守敬，也促成了這一本書的產生。在中日
交流中是爲一項重要的紀錄，也看出中日交流間的深厚期情誼。

　　其書內容大致脈絡是：評碑、評帖、評書。時代則包括自周秦以至明清。
因此，涉及的碑帖和書家也很廣泛。

　　評碑方面提到的有：晉代以前的篆書泰山殘石等六種，隸書禮器碑等十
四種；南北朝時代的華嶽碑等二十七種；隋代的龍藏寺碑等八種；唐代除醴
泉銘等二十三種外，還有顏眞卿的多寶塔碑等八種，柳公權的玄秘塔碑等六
種，以及唐行書碑晉祠銘等五種；宋代的洛陽橋碑等兩種。此外還有日本的
多胡郡題名等四種。

　　評帖方面提到的有：南唐的昇元帖等二種；宋代的淳化閣帖等十種；明
代的寶賢堂帖等七種；清代的玉烟堂帖等十四種；還有二王帖、千字文、樂
毅論等各種專帖、行草帖、小楷帖等近百種。

　　提到的書家，如晉王羲之，唐顏真卿、柳公權，歐、虞、褚、薛，宋的蘇、黃、米、蔡，元的趙松雪，明的董香光以至清之翁松禪，並有日本空海等，總計亦不下百餘人。

　　稿本中對於各種碑帖的特點、歷史情況和現存情況，以及對於各個書家之所長，都有簡明介紹和適當的評價。

　　關於學書，他除飲用的前人所說的要天份、要多見、要多寫以外還增以二要：一要品高，二要學富。他說，品高則下筆妍雅，不落塵俗；學富則書卷之氣，自然溢於行間。古之大家，莫不備此，斷沒有胸無點墨而能寫好字的。同時他還談論到書體的演變。

　　這本書中也可以發現，楊守敬對於日本書家的看法，其云：

> ……日本書家，自以空海為第一，殊有晉人風，小野道風次之，行成卿、魚養又次之，皆唐時人也。其金刻有〈道澄寺鐘銘〉、〈銅燈臺銘〉。石刻者〈多胡郡題名〉最為高古，神似顏魯公。〈佛足跡記〉雖屬和文，亦書法之別格，足自立者。……〔註56〕

從一段《書學邇言》中的〈評書〉可以看見，楊守敬對於日本書壇的看法，他認為日本書家以空海〔註57〕為第一，有晉人的風韻。其次為日本的小野道風〔註58〕及藤原行成〔註59〕等，對於金石碑刻有〈道澄寺鐘銘〉（圖3－18）、〈銅燈臺銘〉（即南園堂銅燈臺銘）（圖3－19），他認為〈多胡郡題名〉（圖3

〔註56〕 楊守敬：〈評書〉，《書學邇言》，第69頁，1974年4月初版，臺北，藝文印書館。

〔註57〕 空海（774～835年），日本佛教真言宗的開山祖師。出生於日本寶龜，俗名佐伯真魚。諡號「弘法大師」。傳說，空海發明瞭日文字母平假名。此外他亦是有名的書法家，與嵯峨天皇、橘逸勢共稱三筆。著有《文鏡秘府論》。傳說，空海發明瞭日文字母平假名。此外他亦是有名的書法家，與嵯峨天皇、橘逸勢共稱三筆。著有《文鏡秘府論》。

〔註58〕 小野道風（896～966年），日本平安時代的貴族，道風善書，道勁神逸，冠絕今古。歷事醍醐、朱雀、村上三朝，至正四位下內藏權頭。醍醐帝酷愛其書，及造醍醐寺，使道風書榜，一楷一草。初擬揭楷書於南門，而終榜草書。道風大喜曰：「嗚呼賢主哉。」蓋以其得意在草書也。晚患中風手顫，筆勢彌生奇體。康保三年，卒。年七十一。凡其書一行隻字，人競求之，不得者以為恥。其為世所貴如。後世稱道風及藤原佐理、藤原行成為日本三蹟。

〔註59〕 行成卿（972～1028年），藤原行成，日本平安時代的官史，當代的書家，與藤原佐理、小野道風並稱日本三跡。其書後人稱為「權蹟」。

－20）最為高古，其神似顏眞卿〔註 60〕。這段文章可以更加瞭解，當時赴日的楊守敬，對於日本書家、碑帖等金石學的看法。

〈道澄寺鐘銘〉延喜十七年（917 年，後梁貞明三年）藤原道明、橘澄清合建於山城國深草，因取二人名中一字合為寺名。寺廢絕於中古，舊址不祥，僅此鐘傳遺響千余載。鐘通高五尺，徑三尺，現藏舊奈良縣五條市榮山寺。鐘銘文四片，片八行，行多八字。文曰：

> 道澄寺者從三位守大納言，兼右近衛大將，行皇太子傅藤原朝臣參
> 議，左大辯從四位上兼行勘解由長官播磨，權守橘朝臣，為報四恩，
> 濟六趣合誠，勠力所建立也……

銘傳為小野道風書。小野道風（896～966 年），有「以能書臻絕妙，為羲之再生」之譽，史稱「平安三跡之首」。銘文書法行列整齊，結構平實，用筆頓挫井然，是唐人楷範。考小野道風時年僅二十二歲，書風尚未成形，此銘較之小野氏的其他楷書亦不類，故此銘為小野道風所書之說僅相傳而已，實未必然。

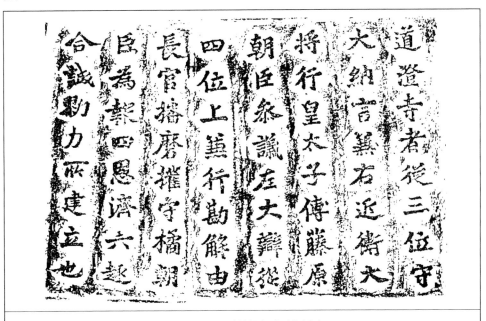

圖 3－18：〈道澄寺鐘銘〉

〔註 60〕顏眞卿（709～785 年），唐代政治家。字清臣，京兆萬年（今陝西西安）人，祖籍琅琊臨沂孝悌裏（今山東省費縣方城諸滿村）。書法家。楷書與趙孟頫、柳公權、歐陽詢並稱「楷書四大家」。

〈銅燈臺銘〉（即南園堂銅燈臺銘）（圖 3－19），這件器物爲銅質，銘陰文分列於六板，板縱 45 釐米，橫 27.3 釐米。後二板已佚，僅存前四板，藏奈良福寺。現存前四板銘曰：

> 銅燈臺銘并序，弘仁七載，歲次景申伊豫權守正四位，下藤原朝臣公等，追遵先考之遺敬（志）志（敬），造銅燈臺一所，心不乖麗器期於朴慧景傳而不窮慈光燭……

臺爲追荐藤原眞夏之亡父內麻呂而造，原無撰書者名，初被識定爲空海所撰，後論者又認爲空海撰文，書者爲桔逸勢。這兩位曾於延歷二十三年（804 年，唐貞元二十年）同隨遣唐使，藤原葛野麻呂人入唐留學，都是日本文化史上傑出的人物。

銘鑄於弘仁七年（816 年，唐元和十一年），銘文爲避唐世祖之諱，紀年干支「丙申」之「丙」以「景」代之，撰書者爲受唐文化浸甚深的空海或爲可能。

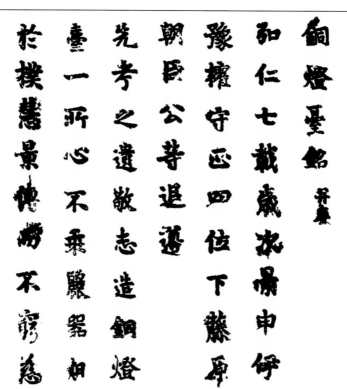

圖 3－19：〈銅燈臺銘〉（即南園堂銅燈臺銘）

〈多胡郡題名〉（圖 3－20）碑在群馬縣多野群吉井町大字池字御門。昭和二十年（1945 年，民國三十四年），日本戰敗，村人恐碑遭毀，埋於碑亭東。世平後復重立。碑爲砂岩質石方柱，上復笠形石冠蓋，碑面高 127 釐米，寬 61 釐米，有碑文六行，行十三、十四字不等。文曰：

　　弁官符上野國片崗，郡綠野，郡甘良，郡并三郡内百户，郡成給羊

　　成多胡郡和銅四年三月九日，甲寅宣左中弁正五位下多治比眞人太

　　政官二品，穗識親王左太臣正二位，石上尊右太臣正二位藤原尊

碑與山上碑，金景澤碑齊名，並稱「上野三碑」，是日本碑刻名品。清代漢陽葉東卿，曾據澤田東江、高橋道齋〈上毛多胡郡碑帖〉錄入其〈平安館金石文字〉，開中國金石學家輯錄日本金石之先。趙之謙曾有臨作並列入其《補寰宇訪碑錄》。可件推重之甚。和銅四年（711 年，唐景雲二年）此碑的書法風格仍保持著舒展的結體，樸素放逸的筆勢，悠悠然似野鶴閒雲，一派六朝古風，無怪乎傾心於碑學的清代金石學家對其也不做等閒觀。

圖 3－20：〈多胡郡題名〉

　　而楊守敬曾提及「多讀書，自能作文，多見名跡，自能書」一語，使人想起他晚年為日本人水野疏梅所撰《書學邇言》〈評碑〉部份的開頭語。開頭語不但繼承了梁山舟〔註61〕的學書三要：「天分、多見、多寫」之說，而且更有所發揮，多增二要：

　　　　一要品高，品高則下筆□□，不落塵俗。

　　　　一要學富，胸羅萬有，書卷之氣，自然溢於行間〔註62〕

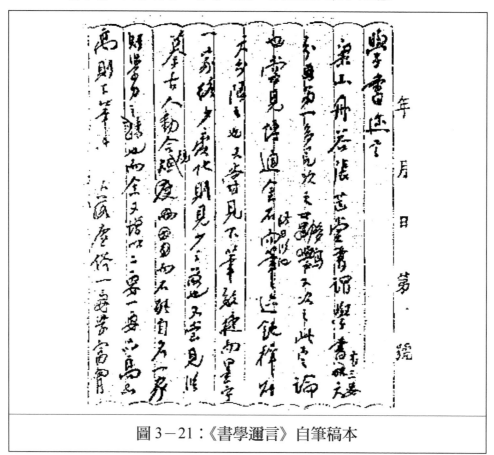

圖3-21：《書學邇言》自筆稿本

　　此書對學習書法和研究碑帖者來說，自然是十分珍貴的。對促進中日友好，開展中日書法藝術交流，更是起過不小的作用。

〔註61〕 梁山舟（1723～1815年），名同書，字之穎，號山舟，浙江錢塘（今杭州）人。工書法，少學顏、柳，中年用米法，七十後愈臻變化，純用自然，天馬行空，當世獨絕。

〔註62〕 楊守敬：〈評書〉，《書學邇言》，1974年4月初版，臺北，藝文印書館。

（三）水野元直對楊守敬的懷念心情

大正四年（1915 年，民國四年）一月九日，楊守敬過世後，大正五年，水野疏梅再次到上海，此時有感思念楊守敬，並作〈過楊守敬翁舊寓虹口有感〉四首詩。

> 惜別河梁經五年，道山何處已遊仙，
> 當時綰柳江頭路，只有柴扉帶暮煙。

> 一朝分手各天涯，當日何知死別離，
> 舊寓依然師不見，綠楊風外立多時。

> 激素飛青筆有神，論畫金石鼎彝陳，
> 先生已禦登仙駕，弟子重來淚滿巾。

> 書談無倦說諄諄，憶到侍帷淚涕頻，
> 一卷鄰蘇園帖在，老書生是舊門人。

在這四首詩中，可以看見水野疏梅對於時間的飛逝，感到無筆的惆悵。惜別時的那天彷彿還停留在昨天，但卻是一分手各天涯，在分別的那天豈會知道，就是生離跟死別。想起與楊守敬相聚，討論金石碑帖時的情境，不免淚濕滿襟。可以看出楊守敬的離世，對於學生水野疏梅的衝擊。水野疏梅對楊守敬的緬懷在這幾首中國詩中，可見到令人佩服的文學造詣，亦可見到雖不同國籍，但中日間的師生情誼。在這一段中日間的交流中，雖然身處戰時的惡劣環境，但是學習的精神，以及中日間友好的交流往來並不會因此而被間斷。

六、日人對楊守敬的悼念

（一）趣意書

民國三年（1914 年，日大正三年）的一月九日，楊守敬去世，同年二月六、七日，最早由山本竟山作為發起人，在日本京都市岡崎的京都府立圖書館樓上為悼念楊守敬而舉辦了展覽和演講會。膽寫版刷的「趣意書」裡除了「主唱山本竟山」外，還有以「贊助」的名義與會的京都內藤湖南、長尾雨山、富岡謙藏、羅振玉，大阪的西村時彥、岐蘇牧、野於菟介、東京的日下部東作、犬養毅等九人聯名並列。

根據這個趣意書，可知二月六、七日，相關的遺著、遺墨、遺物以及有關圖書資料都曾陳列展示，在六日這一天，分別由內藤虎次郎作「評楊惺吾

的地理學」，富岡謙藏作「作爲校勘家的楊氏功業」和山本由定作「楊氏的書法」的演講。可是關於這次追悼活動的展示圖錄目錄、演講筆錄等似未做整理出版，因此十分可惜其具體內容無從得知。

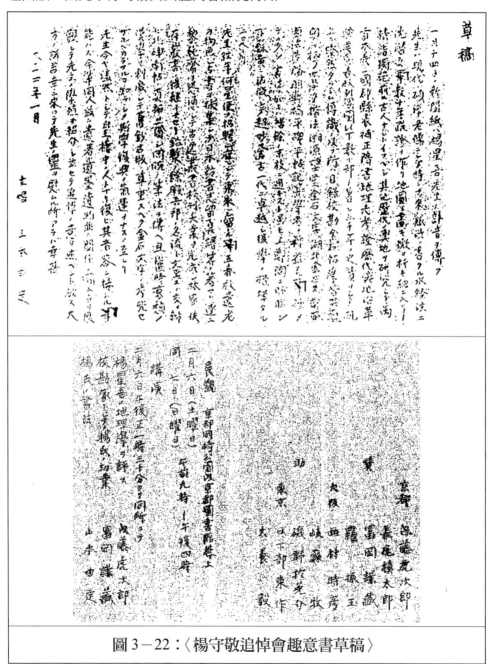

圖 3－22：〈楊守敬追悼會趣意書草稿〉

〈楊守敬追悼會趣意書草稿〉（圖3-22）云：

一月四日ノ新聞紙ハ楊星梧先生ノ訃音ヲ伝フ。先生ハ現代ノ碩学
老儒ニシテ，特ニ古來難渋ノ書タル水経注ニ沈潜スルコト，数十
年疏證ヲ作リ、地図ヲ画キ微ヲ析キ細ニ入リ、精詣独絶前ニ古人
ナシトイフベシ，其他歷代ノ輿地ヲ研究シテ、禹貢本義、三國郡
縣表補正、隋書地理志考證、歷代輿地沿革險要図春秋列國図以下
数，十部ヲ著シ、三千年ノ史蹟ヲシテ，机上ニ瞭然タラシム。博
識ノ及ブ所ハ、目録校勘金石帖學皆其蘊奥ヲ極メザルナク、楷法
溯源、望堂金石文字、湖北金石志、鄰園法帖、晦明軒稿、平碑平
帖記等，学者ヲ裨益スルコト極メテ多シ、書法ノ如キハ緒餘ノ末
技ニ過ギズト、雖モ上鄭陶ニ胚胎シ、下蘇黄ニ沾溉シテ、超妙蒼
古一代ニ卓越シ、後學ノ楷模タルニ足レリ。

先生往年何星使ノ招聘ニ応ジテ東来シ留ルコト五春秋遺老ヲ物色
シ古書ヲ採集シテ日本訪書志留眞譜等ノ著アリ遂ニ黎蒓斎慫慂シ
テ古逸叢書校刊ノ大業ヲ完成シ林家佚存叢書ノ後継ヲナセリ鉛槧
ノ餘暇吾邦ノ名流ト文墨ノ交ヲ締ビ北碑南帖ノ眞拓ヲ齎シ回腕ノ
筆法ヲ伝ヘ且当時衰頹ノ漢字ヲ刺激シテ旧鈔古版ノ尊重スベク金
石文字ノ考究セザベカラザルヲ知ラシメ斯學復興ノ気運ヲナスニ
至レリ

先生今ヤ溘然トシテ白玉楼中ノ人トナリ復ビ其音容ニ接スルコト
能ハズ余輩同人茲ニ遺著遺墨遺物並ニ關係ノ図書ヲ展観シテ先生
ノ学殖ヲ紹介シ並セテ追悼ノ意ヲ述ベント欲ス大方ノ諸君幸ニ來
ツテ先生ノ靈ヲ慰ムル所アラバ幸甚。

　　　大正四年一月。

主唱山本由定。

賛助 京都　内藤虎次郎、長尾槙太郎、富岡謙蔵、羅振玉。

大阪　西村時彥、岐蘇 牧、磯野於菟介。

東京　日下部東作、犬養毅。

二月六日（土曜日）

同二月七日（日曜日）午前九時～午後四時。

演講：

二月六日午後正一時三十分ヨリ同所ニテ。

楊星吾ノ地理學ヲ評ス：内藤虎次郎。

校勘家トシテノ楊氏ノ功業：富岡謙藏。

楊氏ノ書法：山本由定。〔註63〕

這篇趣意書主要是紀念楊守敬所辦的一場研討會，文中說到楊守敬對於金石古文、老莊儒學等艱澀的文學及金石學都有深入的研究，對於歷代的地理研究也非常的深入，不僅是地理學另外還有目錄學，其研究的成果也令人相當佩服，他著有的《楷法溯源》、《鄰蘇園法帖》、《平碑平帖記》等書對後代有著相當大的貢獻，書法的新技巧及工具傳入日本，對於開啓日本的書法新局面，有著不可抹滅的地位。

文中提到，楊守敬因爲工作上的招聘所以到日本，對於在日本蒐集古書、古物非常的認眞，並且著有《古逸叢書》、《日本訪書志》、《留眞譜》等書，在當時對於中日書法篆刻交流上，有著極大的幫助，刺激著當時漢字衰退的日本書壇，他的金石考究，在日本復甦了這一股金石考證的風氣，可說是爲日本書壇注入了一股新的血液。

今天他們齊聚一堂一起來悼念楊守敬，在這裡舉辦他的遺墨展，並且有多場相關的研究討論會。在大正四年的一月，由山本竟山主辦，並且由京都的內藤虎次郎、長尾槇太郎、富岡謙藏、羅振玉。大阪的西村時彥、岐蘇 牧、磯野於菟介。東京的日下部東作、犬養毅。這幾個地方的重要書法家都爲這次的追悼研討會付出心血。可以看出楊守敬無論在日本的書壇，或是中國的書壇都有著重要的地位。在二月六日，星期六和二月七日，星期日的上午九點到下午四點，都有研討會進行。

其中有多場演講，分別爲內藤湖南所演講的「楊守敬的地理學探討」、富岡謙藏的「校勘家楊守敬的貢獻」及山本竟山的「楊守敬的書法」。從這一份趣意書的內容中，可以看見在日本的書壇上，大家對他的崇仰，這樣的中日交流，不僅爲日本帶來巨大的貢獻，也爲交流史塡上豐富的歷史。相信這樣

〔註63〕 書論編輯室：《書論第二十六號》，第 150 頁，1990 年 9 月 18 日，京都，書論研究會出版。

意義重大的交流活動，不管是在楊守敬生前的璀璨功績，或者是過世後的學術會形式追悼，都是在清末民初這段期間，不可忽略的中日書法篆刻交流史。

（二）紀念交流活動

另外有關紀念楊守敬的中日交流活動大致有以下幾次活動：

圖 3－23：第七回書論研究會大會特別展示，楊守敬逝世七十周年紀
　　　　　念會。1985 年 7 月 26 日～8 月 4 日。書論研究會主辦。

　　（一）民國七十五年（1986 年，日昭和六十一年）3 月，中日雙方在湖北省博物館舉辦了「楊守敬及其流派書法作品展」，參展作品由日本方面和湖北省博物館提供。日本方面以中田勇次郎和杉村邦彥爲正副團長，率領三十六人組成的「日本書法學術交流訪中團」參加活動，並在武漢進行了學術交流。

圖 3－24：楊守敬與其流派書法作品展覽，於湖南省博物館。1986 年 3 月。

　　（二）民國七十六年（1987 年，日昭和六十二年）8 月，楊守敬紀念館開館，以杉村邦彥爲團長的「日本書法交流訪華團「十二人參觀訪問了楊守敬紀念館。並在宜都與楊守敬研究會進行了學術交流。

圖 3－25：湖北省楊守敬研究會，宜都縣楊守敬紀念館成立大會。1987
　　　　　年 8 月 19 日。

　　（三）民國七十九年（1990 年，日平成二年）9 月，以石橋桂一爲團長、
小久保清吉爲副團長率四十一人組成的「日本書道教育研修團」參觀訪問楊
守敬紀念館。

　　（四）民國八十二年（1992 年，日平成四年）8 月，以杉村邦彥、石
田肇爲正副團長率「日本楊守敬書學交流訪華團」10 人參觀訪問了楊守敬
紀念館，並與宜都楊守敬學術研究會在楊守敬紀念館共同舉辦了以楊守敬
爲主要內容的書畫展，同時還進行了學術交流。在這場中日學術交流活動
中，杉村邦彥於中日書法聯展開幕時說到，中國和日本有史以來有著悠久
的文化交流，在日本，對於中國優良的文化，作爲楷模學習，從而形成了
自己獨特的文化。楊守敬，誠爲大家所周知，他於明治十三年（1880 年，
清光緒六年）應清廷駐日公使何如璋的招聘來到日本，直到明治十七年
（1884 年，清光緒十年）歸國爲止，在這四年間的駐日期間，與日本朝野
名士親密過從，在學問、書法等諸領域給予極大的感化。此時，正值日本

明治維新之際，正處於走向世界的躍進之中，新興的意志正在炙熱地燃燒，當時日本的近代書道界，由楊守敬所攜帶的金石碑帖，作爲新興潮流不可遏止，基於這種意義，楊守敬是日本近代書道的恩人，即使日本的書法家，也無不仰其高名，並且從內心尊敬他。另外日本的吉田苞竹紀念會館亦舉辦爲「楊守敬展」。

日本書學理論家谷川雅夫在談到日本書家與筆的關係時說到，明治十三年（1880，清光緒六年）楊守敬來日本，帶來了一萬餘拓碑本的同時，也帶來了中國毛筆，日下部鳴鶴等日本書家也開始使用。當時直接到中國學習書法的中林悟竹，使用超長鋒的羊毫筆寫出了很出色的作品。這樣日本書法家中使用羊毫筆的人越來越多了。東京有家筆店叫作溫恭堂，店主就是日下部鳴鶴的弟子，製造的「一掃千軍」、「長鋒快劍」等筆，當時都很有名氣。

楊守敬當時帶去的不只是碑帖而已，還包括了中國的毛筆，這對於當時日本的書道界，有著深遠的影響。於《巴陵研齋隨錄》（圖 3－26）也可以清楚的看見當時，楊守敬與日下部鳴鶴對於執筆、運筆的討論，這些都是當時中日間交流的重要記錄。

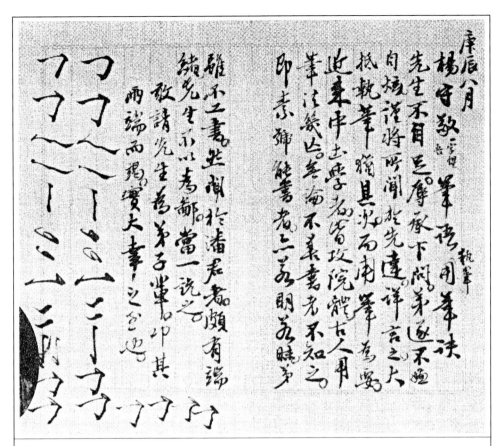

圖 3－26：《巴稜研齋隨錄》〔註64〕**巖谷一六、松田雪柯、日下部鳴鶴和楊守敬之間的筆談，此爲日下部鳴鶴所繕寫。**

　　另外谷川雅夫在〈日本現在書法流派的淵源〉〔註65〕一文中寫到，由於 19 世紀末楊守敬到日本做公使隨員時，帶去了大量的六朝碑刻（包括秦漢碑刻）作品，傳給了日下部鳴鶴等人，日下部鳴鶴又傳給了比田井天來等書家。同時日本書家也直接到中國，學習當時的碑派風格，在書法界形成了「六朝鳳」。當時，被視爲「新派」書法。以這種書風爲淵源的當今流派有關東，西川春洞弟子，已故的豐道春梅、西川寧和他領導的「謙愼書道會」，西川寧逝世後，現在的實力人物是青山杉雨、上條信山、殷村藍田和小林斗庵等。

〔註64〕　《墨雜誌第 45 號——11 月號》，第 18 頁，1983 年 11 月 1 日，東京，藝術新聞社出版。

〔註65〕　湖北宜都網。

七、楊守敬對於日本書壇的影響

明治初年的日本書壇以「和樣書風」及「唐樣書風」為主流，書法多是帖派纖細、柔和的風格，對於六朝石刻書法及篆隸書體可說是非常的陌生，日本境內更少有大型石碑書法。當時的日本隨著門戶開放，和中國恢復交流，日本書家也開始注意清代碑學的書風，在楊守敬渡清之前，有副島蒼海、北方心泉等人赴中國學習書法。日本境內也出現隨商船帶到日本的書法資料，但畢竟是少數，無法滿足日本書家對六朝書風研究的慾望。漫長的日本書法史崇尚行草漠視篆隸，崇尚帖學漠視碑刻，在風格上柔媚風勝於雄強風格。因此，楊守敬作為好友使者在日本工作雖然只有短短四五年的時間，但慕名向他求教和登門拜訪的日本書家卻不少，其中交往甚多的日本著名書家有山本竟山、岡千仞、巖谷一六〔註 66〕、日下部鳴鶴、山中信天翁、矢土錦山、水野疏梅、川田雍江、松田雪柯〔註 67〕等都有深入的交往，特別是巖谷一六與日下部鳴鶴，對於他帶去日本的碑帖等參考吸收了很多中國北派的書法，而楊守敬所攜帶的碑版法帖及其書法著作《激素飛清閣平碑記》、《激素飛清閣平帖記》、《楷法溯源》，都使日本書壇注入了新血。

楊守敬帶了為數甚多的碑版來到日本，其中尤以北碑引人注目，與其說楊守敬單方面向日本書家灌輸了北碑書法，不如說以鳴鶴為首的當時日本書家極為主動地選擇了他們自己追求的東西。被明治維新所帶來的蓬勃生機和新興氣象點燃生命之火的日本書家們，能使他們為之震撼心靈的不是漢碑，也不是唐碑，而是洋溢和充滿了生命力的北碑。也正是北碑，才是寄自己感情的最合適之物，因而他們自己選擇了它。

一般來說兩個國家，或兩個民族之間進行文化交流的時候，接受的一方，首先必須有交流，以及與之相應的條件與環境。這樣，最初的成果就能在一定的時期內生根、開花、並結出豐碩的果實。當時日本的書法家們，已不能滿足於江戶時代流行所謂的「禦家流」書風以及幕末的通俗的「唐樣書」，因而他們追求具有更充滿生命活力的書法境界，而又正是從北碑裡，他們發現了這一線生命之光。

〔註 66〕 巖谷一六（1834～1905 年），名修，幼名辨治，字誠卿，號一六，別號古梅、迂堂、金粟道人。書初學卷菱湖，後轉趨趙孟頫。為政治家與書家。

〔註 67〕 松田雪柯（1819～1881 年），名元修，字子踐，幼名慶太郎，通稱縫殿，別號澹所等，號雪柯，伊勢山田人，1871 年赴東京，正逢楊守敬到日本，遂與日下部鳴鶴、巖穀一六一起向楊守敬學習。

　　具體就日下部鳴鶴而言，他獨具只眼在北碑之中選擇了鄭道昭的諸碑，尤其是鄭文公下碑。明治十四年（1881 年，清光緒七年）鳴鶴從楊守敬那裡獲贈〈滎陰鄭氏碑〉之雙鈎本八冊，並以自己雙鈎的兩冊合在一起，〈滎陰鄭氏碑〉共十冊刊行出版了。僅此一事可見。鳴鶴是多麼醉心於鄭書的。透徹地吸收消化了晉唐以及漢碑等正宗筆法的鳴鶴，也許感到了例如龍門造像記之類未免失之於粗野和缺乏規範性的缺點，而下碑則是北碑中特有的既充滿強烈生命活力而又兼有規範性的精品。尤其是以後，門人竟山得到了楊守敬割愛的〈潘存臨鄭文公下碑〉，鳴鶴見之，以爲是舉世無雙的學習參考資料，更加深了他對鄭碑的傾倒。

　　石橋桂一〔註68〕於平成二年（1990 年，民國七十九年）率隊 41 人到宜都參觀訪問楊守敬紀念館，其中他談到兩件事情，一是楊守敬教日本書法家抬腕法。他說當時日本書法家見到楊守敬寫字抬腕寫，如行雲流水，運用自如，寫的字豪放流利、連貫、道勁、一氣呵成，於是日本書法家也學會了這種用筆法。二是楊守敬傳教使用羊毫筆，他說日本書家當時使用的是鹿毛製的筆，不如羊毫的彈性。於是日本書家向楊守敬學會了使用羊毫筆，並且學會了製作羊毫筆。

　　楊守敬在明治十三年（1880，清光緒六年）至明治十七年（1884 年，清光緒十年）清廷駐日使館工作期間，傳教給日本書法家的東西的確很多，難怪他們尊稱楊守敬爲「日本現代書道化之父」。日本的大橋行成先生說：

> 從江戶時代以來的日本書法，由於楊守敬至日本以後，對日本書法的學風起了很大的變化，成爲碑學示範的開端。楊守敬的筆法與當時流行的日本式書寫筆法不一樣，然具有現代書法共通的筆法。楊守敬與其師潘存主張的，善用毛筆側鋒的轉合運用，可使每一條線條表現的感情更加豐富多變。〔註69〕

楊守敬到日本以後，與日本朝野人士進行了廣泛地交往，但當初在許多場合，由於語言不通，不得不主要依靠筆談來表達談話內容。楊守敬與日本人的筆談資料（其中有些眞跡現已散佚，這裡也包括一些雜誌和單行本登載的東西）現介紹如下：

〔註68〕石橋桂一：日本書道教育學會理事長。
〔註69〕《近代書法交流史を担った人々》，第 120 頁，平成 17 年（2005 年），德島，德島縣立文學書道館。

　　森立之　石田肇撰〈楊守敬和森立之〉（《書論》第二十六號）眞跡附有插圖，並對有關楊守敬與森立之的應酬情況加以考察。此外，還有原田種成〈清客筆談——楊守敬與森立之的筆談〉（《長澤先生古稀紀念圖書學論集》）中並附釋文。〔註70〕

　　宮島誠一郎（號栗香，官島詠士之父）其中一部分圖版和釋文已登載在《書論》第二十六號。〔註71〕

　　松田元修　在《書勢》雜誌第三卷第四號裡，以〈楊惺吾與松田雪柯筆談〉爲標題，由井原雲涯意譯形式登載。〔註72〕

　　岩谷修　《書藝》雜誌第四卷第十一號「楊守敬特輯號」（昭和九年，平凡社）裡，刊載筆談眞跡三十六葉，並附日本語訓讀釋文。〔註73〕

　　日下部東作　《書藝》第四卷第十一號以〈楊守敬與鳴鶴翁之筆談〉爲題，並附插圖、訓讀刊載。但是，此中並非楊的眞跡，而是鳴鶴重新謄寫過的筆談本。此外尙有日本書道教育學會所編《八稜研齋隨錄》亦有收錄。〔註74〕

　　山本田定　一部分圖版已刊載在《書論》第二十六號前頁圖版中，並附有釋文。〔註75〕

　　楊守敬來日時，曾帶其壯年所著的《激素飛清閣評碑記》、《評碑帖記》稿本。現在這部稿本爲湖北省博物館所藏，經陳上岷先生整理後，以《楊守敬評碑帖記》〔註76〕爲書名，已出版成刊物。其實這兩部書在很早以前就曾被日本的「談書會」排印出版。關於此事之經緯，中西慶爾著《日下部鳴鶴傳》一書中就做了如下說明：

> 楊從那邊（中國）帶來其所著《評碑記》、《評帖記》，日下部鳴鶴首先將其轉抄了一本。後來三井氏又請人以此爲底本再抄了一本，附於《談書會志》附錄出版。總之，這兩部書對日本近代書道給予了極大的影響。〔註77〕

〔註70〕 杉村邦彥：〈楊守敬與日下部鳴鶴——近代中日書法交流史之發軔〉，《中日書法史論研討會論文集》，第263頁，1994年，文物出版社。
〔註71〕 同註50。
〔註72〕 同註50。
〔註73〕 同註50。
〔註74〕 同註50。
〔註75〕 《中日書法史論研討會論文集》，第263頁，1994年，文物出版社。
〔註76〕 《楊守敬評碑帖記》，1990年，文物出版社出版。
〔註77〕 《中日書法史論研討會論文集》，第264頁，1994年，文物出版社。

第三節　吳昌碩與日下部鳴鶴的印緣交遊

在西泠印社光緒三十年（1904 年，明治三十七年）創社之前，就與吳昌碩有所交流的日本書家，爲日下部鳴鶴。明治二十四年（1891 年，清光緒十七年）時日下部鳴鶴到中國上海等地，拜訪了許多的中國書家，其中吳昌碩爲其所刻的日下東作姓名、字號章，留下了中日間交流的寶貴資料。另受到中國印風影響的日本篆刻家，也刻有日下部鳴鶴的字號章。以下是所蒐集到吳昌碩與徐星洲所刻日下東作的姓名、字號印

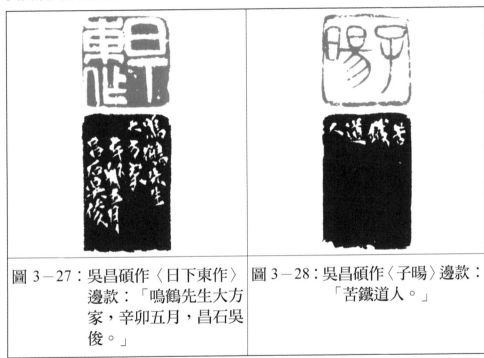

| 圖 3－27：吳昌碩作〈日下東作〉邊款：「鳴鶴先生大方家，辛卯五月，昌石吳俊。」 | 圖 3－28：吳昌碩作〈子暘〉邊款：「苦鐵道人。」 |

「日下東作」這方印章，爲光緒十七年（1891 年，明治二十四年）48 歲作。此時日下部鳴鶴爲 53 歲。

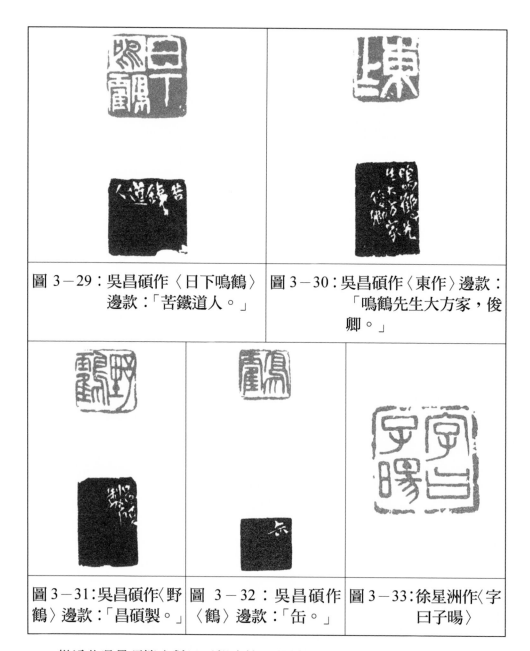

圖 3－29：吳昌碩作〈日下鳴鶴〉邊款：「苦鐵道人。」	圖 3－30：吳昌碩作〈東作〉邊款：「鳴鶴先生大方家，俊卿。」	
圖 3－31：吳昌碩作〈野鶴〉邊款：「昌碩製。」	圖 3－32：吳昌碩作〈鶴〉邊款：「缶。」	圖 3－33：徐星洲作〈字曰子暘〉

　　從這些吳昌碩等人幫日下部鳴鶴，所刻的自用印可以看出，當時兩方之間交友的關係密切。這幾方印可說是當時中日之間交流的證據。

　　光緒二十九年（1903 年）由畫家陳年繪製〈日下部鳴鶴肖像〉，並由吳昌碩及楊守敬題跋。

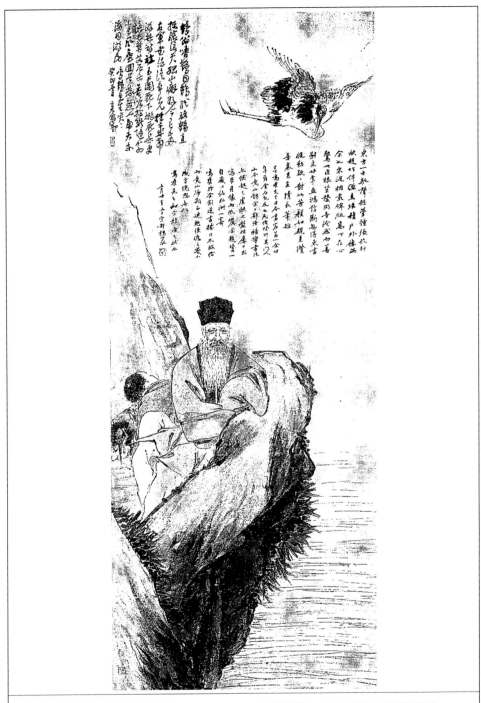

圖 3－34：陳年畫，楊守敬、吳昌碩題贊〈日下部鳴鶴肖像〉。
光緒二十九年（1903 年，日明治三十六年）。

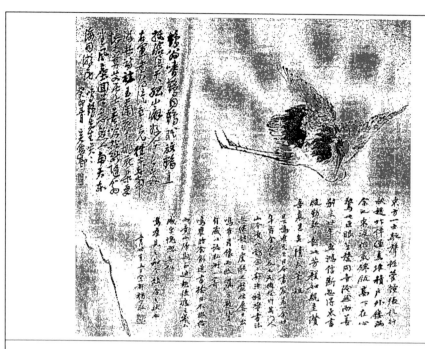

圖 3－35：陳年畫，楊守敬、吳昌碩題贊〈日下部鳴鶴肖像〉。光緒
二十九年（1903 年，日明治三十六年）。

楊守敬云（圖 3－35）：

東方一士，馳聲握管。鐘張抗行，歐趙作伴。

縑素堆積，戶外屢滿。余之東渡，梱載碑版。

高下在心，驚此巨眼。笙磬同音，泠然而善。

別來廿年，魚鴻信斷。忽得來書，殷勤款款。

對此方顏，如親圭瓚。吾衰甚矣，情長筆短。

日下鳴鶴先生，日本書家第一，余廿年前金石之友也，光緒癸卯
（1903，光緒二十九年，日明治三十六年），其門人山本竟山訪余于
鄂渚，酷嗜書法，亦繼起之虞歐也，盤桓屢日，出鳴鶴肖像兩紙，
囑餘題贊，一自藏以誌私淑，一寄鳴鶴。時餘創造書樓，日不暇給，
而竟山歸期至迫，勉強應之，幾不成字，愧怩無似，鳴鶴見之，知
余頹唐之狀也，五月廿有五日，宜都楊守敬。

吳昌碩題：鶴翁嗜鶴同鶴眠，放鶴直撲滄浪天，孤山癖好今有兩，
右軍書法徒爭先，徃歲南遊共詩社，玉蘭花下桃花渠，更憶長髯艾

居士，苦吟拈斷隨翁坐，風塵回首愁煞人，南天東海同遊居，鳴鶴

先生咲咲，癸卯五月，吳俊卿。

此畫作爲山本竟山在第二次的遊學中，特別帶了自己的老師日下部鳴鶴的照
片到中國，請陳年爲老師畫兩幅肖像，並請楊守敬與吳昌碩題贊於畫面上，
山本竟山一幅留給楊守敬，另一幅則自己作爲紀念。這幅畫，結合了山本竟
山、日下部鳴鶴、楊守敬、吳昌碩以及陳年的文化情緣，給了中日書畫交流
歷史中一項珍貴的紀錄。

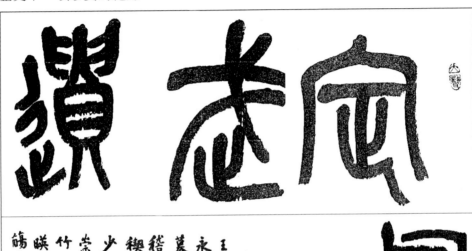

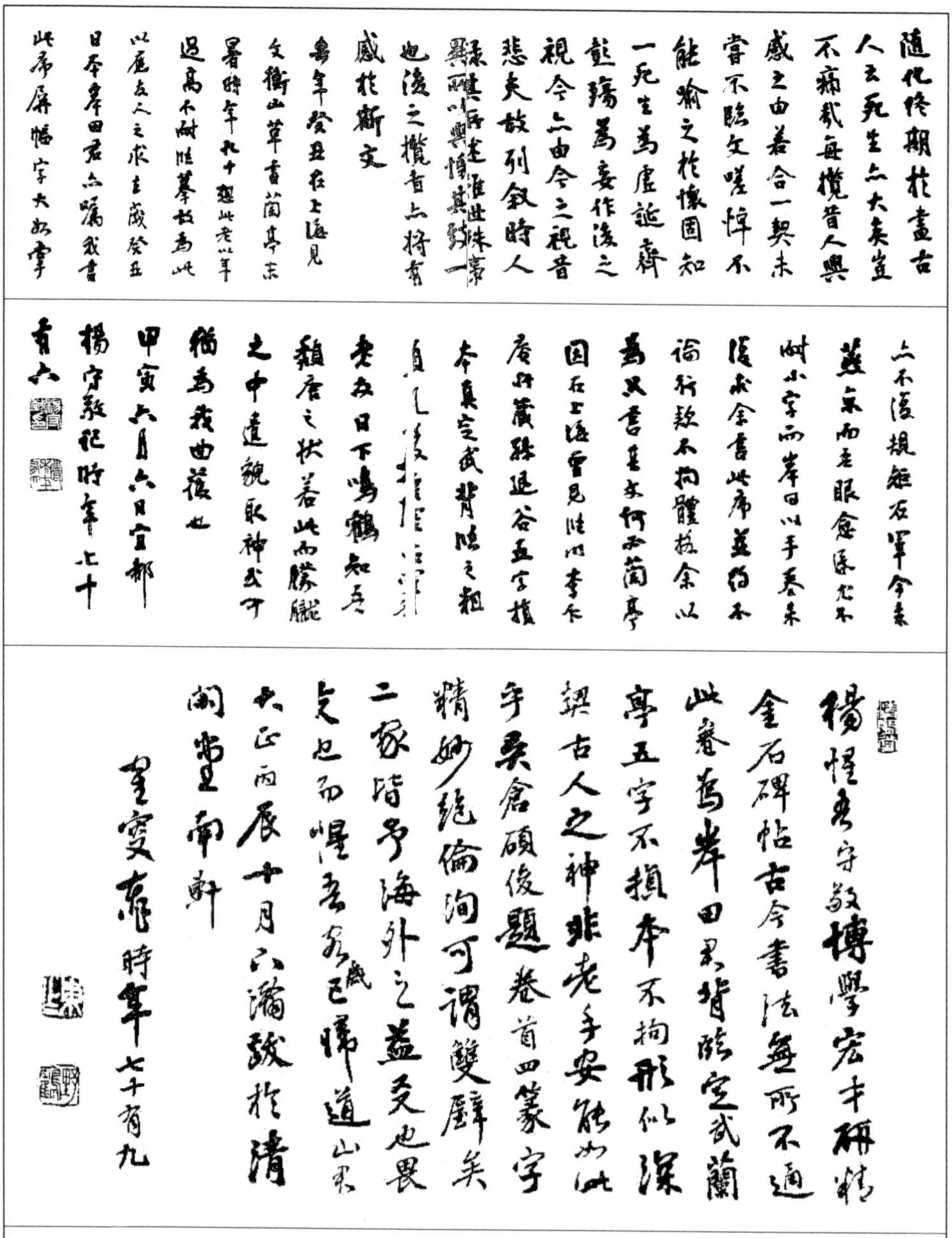

圖 3-36：〈臨定武本蘭亭序〉，民國三年（1914 年），吳昌碩題字，
日下部鳴鶴跋。

楊守敬於七十六歲時，民國三年（1914 年，日大正三年）〈臨定武本蘭亭序〉前後有吳昌碩題字與日下部鳴鶴的跋文。

楊守敬款記：

去年癸丑，在上海見文衡山草書蘭亭，末署時年九十，想此老以年
過高，不耐臨摹，故爲此以應友人之求。去歲癸丑，日本岸田君亦
囑我書此序，屏幅字大如掌，亦不復規矩右軍。今來燕京，而吾眼
愈昏，尤不耐小字，而岸田以手卷來，復求餘書此序，並約不論行
款，不拘體格，餘以爲只書其文，何必蘭亭，因在上海曾見臨川李
仁庵所藏孫退谷五字損本眞定武，背臨之，粗頭亂髮，唐突右軍。
岸田君持歸以示吾老友日下鳴鶴，知吾頹唐之狀若此；而朦朧之中，
遺貌取神，或可猶爲我曲護也。甲寅六月六日，宜都楊守敬記，時
年七十有六。

吳昌碩題字：

定武遺風。甲寅冬抄，客春申浦上禪上禪覽軒。吳昌碩。

日下部鳴鶴跋：

楊惺吾（守敬），博學宏才，研精金石碑帖，古今書法無所不通。此
卷爲岸田君背臨定武蘭亭五字不損本，不拘形似，深契古人之神，
非老手安能如此乎！吳昌碩（俊）題卷首四篆字，精妙絕倫，洵可
謂雙璧矣。二家皆予海外之益友也，畏友也，而惺吾客歲已歸道山，
君其寶愛焉。大正丙辰十月下澣，跋於清閑堂南軒，鶴叟東作時年
七十有九。

這段款文中，楊守敬表示去年，民國二年（1913 年，日大正二年）時，在上
海見過文徵明草書寫蘭亭序，見他在落款的地方書已九十歲，楊氏認爲如此
的高齡，已經不耐臨摹如此細膩的書法，應該爲應友人的要求。同在去年，
民國二年（1913 年，日大正二年）楊氏的日本友人，岸田先生也希望楊氏臨
書蘭亭序，規格是較大的屏幅，每字約如手掌之大，楊氏也認爲自不復循守
王羲之之風格規矩。

　　而今年岸田先生，又攜手卷而來，再次希望楊氏可以臨摹蘭亭序，但楊
氏認爲自己年老且已老眼昏花，已不耐小字的臨摹，加上岸田先生表明可不
拘行款格式，故決定只書其相同內文，不完全臨摹王羲之原本書寫的風貌。
楊氏表示，因爲曾經在上海見過，臨川李仁庵所藏的孫退古五字損本的「定
武眞本」，遂以印象默背臨寫，自覺似粗頭亂髮，實已脫離原本規矩典雅之風，
表現出來的難免唐突王羲之的風格。之後岸田先生把所書臨本帶回日本，日
下部鳴鶴見之，定知其已頹唐若此，惟楊氏表示所書的臨本，於迷濛之中，

雖然捨去外貌的形似但是仍能留其神韻，或許仍有可取之處以爲辯護之理由。楊氏書寫此作時已經七十六歲。

這篇〈臨定武本蘭亭序〉中，楊守敬所書的蘭亭序，可看見在書法的造詣上，楊守敬已經跳脫出臨摹的階段，可以在一定的基底上變化出屬於自己的風格，而日下部鳴鶴在日本看到此作品，對於這種加入創作的性的作品也甚爲欣賞。可見在書法的世界裡，他們有一樣的默契跟看法，實爲珍貴的資料，可看出中日間的師生默契與情誼，也可以發現，國與國間雖有界線，但藝術間的領悟與見解卻無界線。

而日下部鳴鶴的題跋中，讚許楊守敬博學宏才，研究金石、碑帖、古今書法無人能所及，表示岸田先生所攜回的蘭亭臨本，不拘形式但深入古人之神韻。也讚許吳昌碩的題署精妙絕倫，堪稱「雙璧」也。同時表示吳昌碩與楊守敬皆爲其在海外的兩家益友及畏友也。書此觀跋時，日下部鳴鶴爲七十九歲。

第四章　致力中、日、台書學交流的活動

第一節　山本竟山與日下部鳴鶴的書信

　　日下部鳴鶴的眾多學生中，有一位學生山本竟山，對於中國的文化也深感興趣，所以特到中國交流學習等，在吳昌碩爲日本人所刻的印章中，也有山本竟山的姓名印。山本竟山（1863～1934），名爲由定、繇定，通稱卯兵衛，號爲竟山，別號聾鳳，日本美濃岐阜縣人。明治十年（1877 年，清光緒三年）十五歲時師學書法於神谷（1823～1904），十七歲時，師學漢學於小林長平（1834～1914），十八歲時，師學書法於王鶴筌（生卒未詳），明治十五年（1882年，清光緒八年）二十歲時，師學金石文字於陳曼壽（～1884），明治二十一年（1888 年，清光緒十四年）二十六歲時，拜師於日下部鳴鶴，並爲日下部鳴鶴門下「四天王」〔註1〕的其中之一。因爲追隨日下部鳴鶴學習，因此聽說楊守敬諸事，於是在明治三十五年（1902 年，清光緒二十八年）三月，在老師日下部鳴鶴的介紹之下，到中國求師而與楊守敬結識，一直到楊守敬過世，都持續聯絡與學習。

　　日下部鳴鶴是山本竟山的書法老師，在《臺灣日日新報》記事裡所見：

〔註1〕「四天王」爲日下部鳴鶴門下四個弟子的一個統稱，分別爲丹羽海鶴、近藤雪竹、比田井天以及山本竟山。

書家山本竟山氏，日下部鳴鶴的高足山本竟山氏曾經遊於清國，徹
底鑽研書法的妙境，歸來於日本書壇聲名噴噴，此次任赴作爲總督
府囑託。〔註2〕

對於日下部鳴鶴與山本竟山的認識過程，根據〈山本竟山　年譜〉〔註3〕中的
記載，可能是日下部鳴鶴在旅行過程中於遊歷岐阜時所認識。

　　日下部很喜歡旅行，《鳴鶴先生叢話》中有〈漫遊〉的項目，文中寫到，
從明治十四年（1881年，清光緒七年）到大正十年（1921年，民國十年）的
四十一年間，只有四年完全沒有旅行，其他時間他都到各處遊歷，每年約有
兩三次的旅行，有些旅行跟他的書法學習有關係。如《鳴鶴先生叢話》〈漫遊〉
所述，其中明治二十一年（1888年，清光緒十四年）與明治二十二年（1889
年，清光緒十五年）的旅行行程中云：

　　廿一年戊子，一月從馬關出發到三田尻，停留在山口、德山、高松
　　去德島到大阪，同月去淡路洲本，經由京都、大津、長濱、彥根去
　　四日市，之後從四日市坐船，三月回到東京。

　　同年九月遊歷到仙臺，從鹽竈到石卷，經由弧禪寺，一之關、黑澤
　　尻到秋田縣橫手驛，寄宿在角間川，經由大曲、秋田（於盤井郡觀
　　看嚴美瀧），仙臺、福島後回到東京。

　　廿二年巳丑，六月去岐阜縣（參觀鵜飼），住在飛驒下原驛與高山，
　　七月方回到東京。〔註4〕

根據〈山本竟山　年譜〉，在明治二十一年（1888年，清光緒十四年）記載「日
下部鳴鶴遊於岐阜，拜師於日下部鳴鶴」。〔註5〕上述日下部於明治二十一年
的行程中並沒有寫到「岐阜」這個地名，但是山本卻提到與日下部認識。日
下部於明治二十一年所前往的四日市，路途從京都、大津、長濱、彥根去四
日市，路線必經過岐阜，且日下部在明治二十二年（1889年，清光緒十五年）
的遊記中也提到「岐阜」，推測兩人認識是在這兩年間。

〔註2〕《臺灣日日新報》，1904年（明治37年9月25日。）7版。
〔註3〕大橋泰山，《山本竟山先生五十回忌追悼記念展圖錄作品集》，第98頁，昭
　　　和58年，大阪，泰山書道院。
〔註4〕井原雲涯，《鳴鶴先生叢話》，第24頁，大阪、興文社，大正14年（1925
　　　年）。
〔註5〕大橋泰山，《山本竟山先生五十回忌追悼記念展圖錄作品集》，第98頁，大
　　　阪、泰山書道院，昭和58年（1983年）。

　　明治三十四年（1901 年，清光緒二十七年），日下部鳴鶴再度至岐阜縣旅遊，山本也再度拜訪日下部。在《鳴鶴先生叢話》〈漫遊〉所記，其中明治三十四年的旅行行程云：

　　　　卅四年辛丑，三月遊歷到盤城平，四月從東京出發將回去彥根，於城山參拜藩祖祭典，從京都出發在岡山停留，到作州、津山，經由味野村、倉敷、笠岡、大阪、大津、岐阜後，七月回到東京。十月遊歷到名古屋、岐阜、大垣，後回到彥根，於江州高野村永源寺觀賞紅葉，次於大津坂本觀賞楓，到大垣於養老山觀賞秋天的風景，經由一之宮後十二月回到東京。〔註6〕

可見，日下部鳴鶴是一位熱愛旅行的藝術家，在他的旅行日記上可以看見，他對旅行時間、地點等的清楚記載，相信一位書家也因為熱愛自然，所以可以更加體會中國書畫藝術中的「道」。

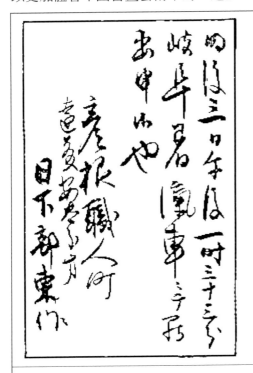

圖 4－1：明治三十四年（1901 年，清光緒二十七年）〈日下部寄給山本的明信片〉

〔註 6〕　井原雲涯，《鳴鶴先生叢話》，第 49 頁，大阪、興文社，大正 14 年（1925 年）。

　　從七月一日在彥根寄〈日下部寄給山本的明信片〉（圖4－1）可見：

　　　　後天三日午後一點三十三分的火車到岐阜。〔註7〕

山本即於日下部遊歷岐阜時認識，日下部共寫了十一封的信給山本，此明信片為其中的一封。

第二節　山本竟山七次遊學中國的藝壇交往

　　山本竟山到中國遊學總共七次〔註8〕，其中他也與吳昌碩、顧麟士〔註9〕等人結交鑽研，並帶回大量的法帖碑版回日本。

　　山本竟山前後七次前往中國遊學期間，歷任台灣總督府的工作，於明治末年到京都居住，指導許多的弟子，在關西書壇上非常有名。他在金石碑版研究方面的造詣非常深，且也藏有大量相關的書籍，對於中國王羲之的蘭亭序非常喜好，勤臨其書，晚年對於褚遂良的字體也非常傾心。為泰東書道院、日本美術協會、東方書道會、關西書道會等顧問、審查委員等。著有《竟山學古》、《臨蘭亭兩種》等書。

〔註7〕　《新書鑑》No.229，第7頁，奈良、「雪心」新書鑑編集部，平成6年（1994年）。

〔註8〕　關於山本竟山赴中國七次，山本曾於1902年至1930年期間先後七次赴中國大陸遊學：
　　　　（1）1902年（明治35年）3月，拜訪楊守敬於武昌，楊守敬贈與山本多本碑版法帖。（日本→中國大陸→日本）
　　　　（2）1903年（明治36年），拜訪吳昌碩、顧鶴逸、徐子靜、金冷香等等，遊於湖州、杭州、武昌、黃州，購得皇甫誕碑丞然本、宋拓爭位帖、餘清齋帖等等。（日本→中國大陸→日本）
　　　　（3）1906年（明治39年），購得數本碑版法帖後回臺北，並取得珍貴的潘存臨爭座位帖。（臺灣→中國大陸→臺灣）
　　　　（4）1910年（明治43年），購得五十多件碑版法帖。（臺灣→中國大陸→臺灣）
　　　　（5）1912年（大正元年），拜訪楊守敬。（臺灣→中國大陸→臺灣）
　　　　（6）1921年（大正10年）4月11日至6月6日。（日本→中國大陸→日本）
　　　　（7）1930年（昭和5年）4月上旬至5月上旬，與辻本史邑、井上研山、多田黃山、本間貞亮、大橋泰山同行，購得碑版法帖百餘件。（日本→中國大陸→日本）

〔註9〕　顧麟士（1865～1930年），元和（今江蘇蘇州）人。文彬孫。工山水。先世於張文達公撫吳時夙締墨緣。涵濡功深故筆多逸氣，尤長臨古。其家怡園別業，水木清華，嘗與契友會畫其中，有雲林清祕遺風。光緒二十二年（一八九六）嘗為張詩舲作山水冊。

　　山本竟山第一次赴中國遊學是明治三十五年（1902 年，清光緒二十八年），緣於日下部鳴鶴的介紹而得以拜訪楊守敬，也取得不少珍貴碑帖滿載。在《山本竟山先生五十回忌追悼紀念展圖錄作品集》的〈山本竟山年譜〉中寫：

> 1902 年（明治 35 年）壬寅 40 歲，一月，長男（吉之助）出生，出國的心情忐忑不安，由於鳴鶴介紹山本認識楊守敬，三月，決意往中國遊學，拜訪楊守敬於武昌，受到厚待，取得多本碑帖歸國，此後陸續從遊於楊氏直至楊逝去。〔註10〕

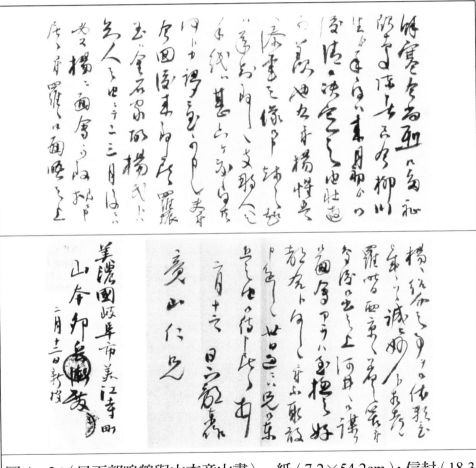

圖4－2：〈日下部鳴鶴與山本竟山書〉一紙（7.2×54.2cm），信封（18.3×7.2cm），書寫年代爲明治三十五年，（1902 年，清光緒二十八年），日下部鳴鶴 64 歲。

〔註10〕大橋泰山：《山本竟山先生五十回忌追悼紀念展圖錄》，第 98 頁，昭和 58 年（1983 年），大阪、泰山書道院。

明治三十五二月十二日，日下部鳴鶴致函山本竟山，信中云：（日文）

餘寒今尚烈御多祉。欣慶、陳者、只今柳川生より承候得バ、來月初より御渡清御決定之由。壯遊、可羨也。右二付楊惺吾へ添書之儀御中、越之趣ハ承知致し。支那人へ之手紙ハ甚六ヶ敷得共何トカ認メ置可申候。夫二付、今回渡來致し居候羅振玉ハ金石家、楊氏トハ知人之由ニテ、二三月後ニハ必ズ楊二面會可致樣二申居候二付羅へ御面晤之上楊へ紹介之事ヲ御依賴置被成候ハハ、誠二妙ト相考候。羅昨日、西京へ着候筈二付、鳥渡（チョット）御出之上、河井へ御謀り、御面會アラバ至極之好都合ト存じ候二付、不取敢申進候。廿日過二ハ、兄御東上之由、御待申居候。頓首 二月十二日 日下部東作 竟山仁兄

釋文（中文內容）：

今日（明治 35 年 2 月 12 日），餘寒尚烈，惟欣慶多祉猶陳。今由柳生得悉，次月初渡清，對於你決定的決心羨慕的不得了，我同意寄給楊惺吾介紹信的事，尚且，此次來日本的羅振玉，因爲同爲金石學家故熟識於楊守敬，兩三個月後打算會晤羅振玉，見面後再拜託他將你介紹給楊守敬。昨日羅振玉應該已經抵達京都，我再與河井荃盧商量見面之事，聽聞你二月二十日要來東京，盼望你來。

此篇書簡，爲山本竟山的老師日下部鳴鶴對於中國留學的事情，向楊守敬介紹與拜託的信件，此篇信件爲日下部鳴鶴再回信給山本竟山的書信。此篇信件書寫年代爲明治三十五年，（1902 年，清光緒二十八年），應爲山本竟山第一次到中國遊學時的信件。

山本竟山第二次遊學是在明治三十六年（1903 年，清光緒二十九年），這年他拜訪了楊守敬、吳昌碩、顧麟士、徐士愷、金冷香等等諸家，他和吳昌碩交往密切，甚至在第五次與第六次的中國遊學中，前往吳昌碩的住處，進行長期的交流來往，筆者也在下列的篇幅中介紹吳昌碩所爲山本氏刻的印章。其第一、二次的中國遊學旅程，在《竟山學古》裡說到：

……我（山本）於明治三十五年第一次到中國大陸求教揚（楊）惺吾先生之時，最初提出的問題是〈廣武將軍碑〉〔註11〕的事，如下

〔註11〕《廣武將軍碑》也稱《張產碑》立於前秦建元四年，即公元三八六年，碑文記述了廣武將軍之孫張產的功績。

簡述：明治三十五年，當時不知道楊先生的住址，後做了訪問調查，結果判定其於武昌擔任兩湖書院的教師，所以遠赴武昌訪問求教楊先生，然時爲酷夏，每日上書院，疲憊不堪，後得日射病，當時幾乎喪命，幸而得妥善照顧後康復痊癒。病癒後回到上海，此時期也收信聽聞母親身體不適，因此影響，於是迅速歸國，這年十二月母親去世了。五十日過後，於明治三十六年初，我再度到武昌求教楊守敬，前次，於三十五年訪問時，請問先生關於〈廣武將軍碑〉之際，他驚訝地問我何時見過此碑，我說係在日本於日下部鳴鶴先生那裡曾經拜讀兩先生的筆談。楊守敬先生說因〈廣武將軍碑〉彌足珍貴，是不容易得到的。這次（明治 36 年）訪問楊先生時他說在黃州的鄰蘇園裡有，特地寄來給我看，這書卷頭刊載即是這物品的雙鈎。在此，楊先生說學習書法之時必要先決定毛筆，所以我又請教他長鋒如何運用是好？回日本之後，我跟鳴鶴先生說起這件事，鳴鶴先生說楊守敬所言的「書必要先決定毛筆之事」他完全贊同，不過鳴鶴先生幾十年來書寫習慣用長鋒，沒有用短鋒。所說必要先決定毛筆之事，楊守敬寫小字用鷄毛筆，寫大字用純羊毫短鋒，楊先生說鷄毛惟在宜昌一女名人所作，他送給我一枝，到現在我還好好保存。這鷄毛不容易拿到，所以楊先生向吳氏（德元）訂做此筆。尚且關於中國的毛筆有作文章的人，但有一些寫得並無道理。明治三十六年我得到經馮晰三的介紹，到湖州璉鎮訪問沈召棠，住了兩天，問過製筆的事，……〔註12〕

這篇文章中可以更加的清楚了解，山本竟山初到中國與楊守敬學習時的狀況，也可以看見山本竟山剛到中國時，並不適應中國的天氣，在輾轉的旅程中並不是完全的順利，但在不畏艱難的精神下，他再次前往武昌求教楊守敬，並且討論對於用筆的觀念，回日本後再次與日下部鳴鶴討論，只是楊守敬寫大字時慣用短鋒的羊毫筆，但日下部鳴鶴卻習慣用長鋒的毛筆。另外楊守敬送了取得不易的鷄毛筆給山本竟山，看得出楊守敬對於這位遠從日本來的學生非常厚愛。

〔註12〕山本竟山：〈竟山學古解說〉，《竟山學古》，第 1～2 頁，昭和 6 年（1931年），東京，雄山閣出版。

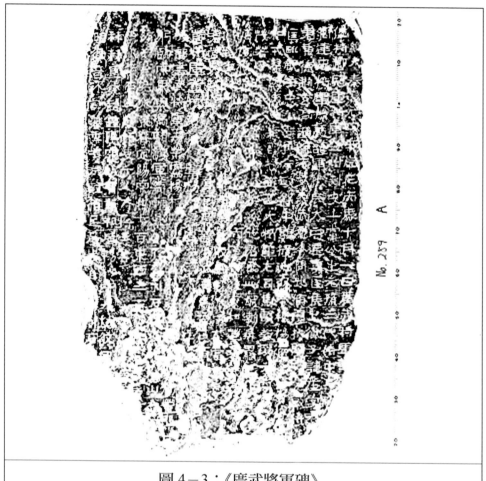

圖4－3：《廣武將軍碑》

　　山本竟山第三次遊學中國，爲明治三十九年（1906年，清光緒三十二年），這次是他在旅臺時從台灣前往大陸，購得不少的碑帖，其中包括他得到的〈潘存 [註13] 臨爭座位帖〉（圖4－4），並於隔年，明治四十年（1907年，清光緒三十三年）返回了台北。當時在出發前《台灣日日新報》中寫到：

[註13] 潘存（1818～1893年）字孺初，廣東文昌縣人。咸豐元年（1851年）舉人。爲人沉沒、不喜交際，冷面熱腸，偶遇好學之士必盡心獎掖之，惟避免與達官貴人接觸。工書法，與鄧承脩、楊守敬彙編魏晉至唐碑帖精刻，依《康熙字典》偏旁，分部類聚，名曰《楷法溯源》，楊守敬以雙鉤印行。潘存自來好書，臨摹漢唐以來一切名蹟，連小楷都雙鉤懸腕書寫，但他一向對自己的書法不滿意，寫過再寫，盡棄字紙簍中，不肯示人，所以傳世遺跡極少。晚年他被鄉人聘爲瓊州書院掌教，沒後，鄉人感其學問爲人，在書院旁立專祠以祀之。

總督府秘書課囑托（託）山本竟山氏，此次爲書法研究之故，是以
定來六日乘便船赴清國漫遊云。〔註14〕

十一月日金紫光祿大夫拾投刑部尚
書上柱國魯郡開國公顏真卿謹審
書于右僕射定襄郡王郭公閤下
蓋太上有立德其次有立功是之謂
不朽抑又聞之端揆者百寮之師長
諸侯王教人臣之極地令僕射挺不
抃之功業當人臣之極地豈不以寸
為世出功冠一時挫思明跋扈之師
抗迴紇無猒之請故得身畫凌
煙之閣名藏太室之廷呼旦畏也耶

圖4－4：〈潘存臨爭座位帖〉〔註15〕

〔註14〕　《臺灣日日新報》，第2頁、漢文版2版，1906年（明治39年）11月2日。
〔註15〕　《書論》第27號，第41～46頁，1991年，書論研究會。

美則美矣而終之始難故曰滿而不
溢所以長守富也高而不危所以長守貴
也可不懼乎書曰爾惟弗矜天下莫
与汝爭功爾惟不伐天下莫与汝爭能
以齊桓公之盛業尸言勤王則九合
諸侯一匡天下蔡邕之會微有振於
而叛者九國以日行百里者半九十里
言晚節末路之難也從古至今自我
高祖太宗以朱未有行此而程廢幽而不
亂者也前者菩提寺行香僕射指

圖4－5：〈潘存臨爭座位帖〉（續）

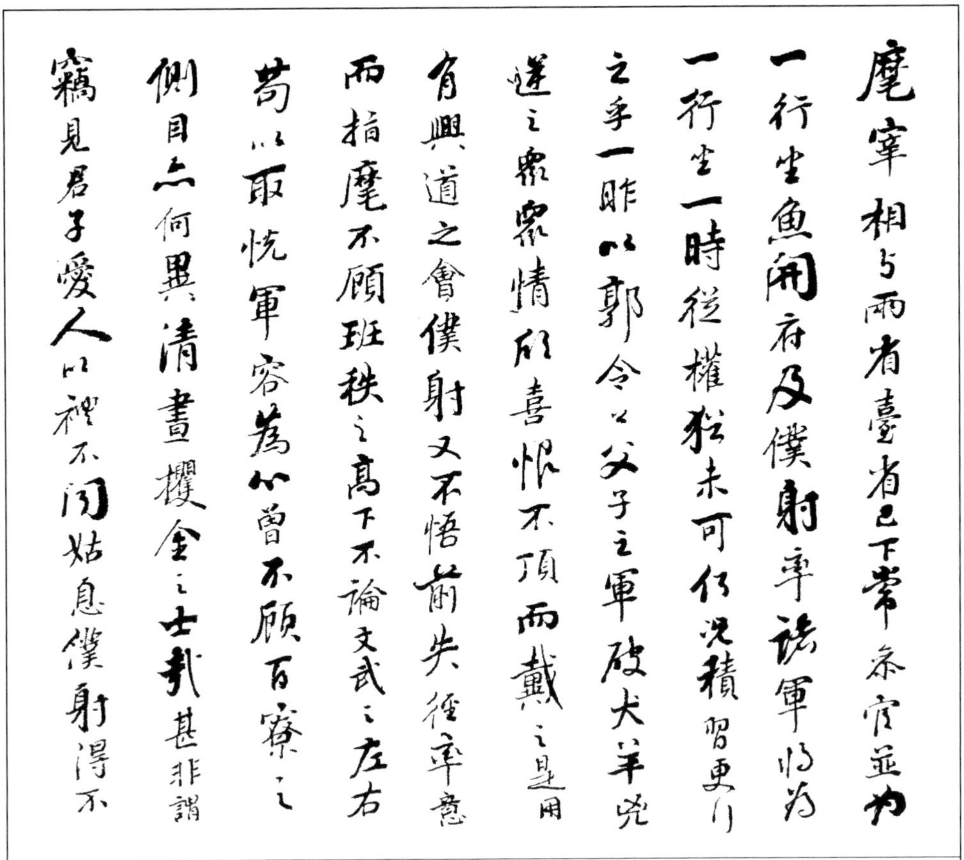

僕射相与兩省臺省之官並為一行坐魚開府及僕射率諸軍帥為一行坐一時從權狎未可倣況積習更月之乎一昨以郭令公父子之軍破犬羊凶逆之衆衆情所喜恨不頂而戴之是用有興道之會僕射又不悟前失徑率意而指麾不顧班秩之高下不論文武之左右苟以取悅軍容為心曾不顧百寮之側目亦何異清晝攫金之士哉甚非謂竊見君子愛人以禮不聞姑息僕射得不

圖4－6：〈潘存臨爭座位帖〉（續）

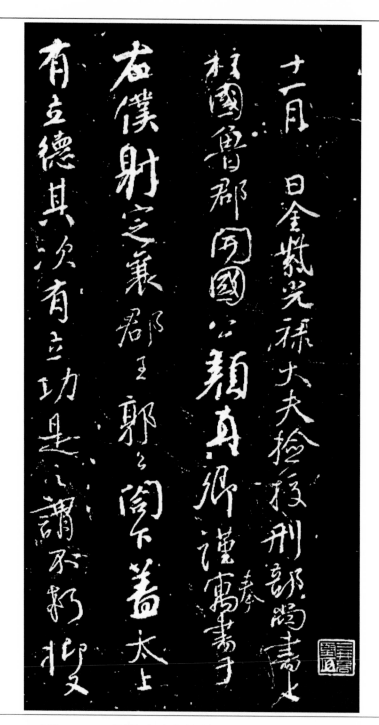

圖4-7：真卿〈爭座位帖〉原作（局部圖）

山本竟山第四次遊學中國是在明治四十三年（1910年，清宣統二年），這次也是正值山本竟山旅臺時期，從台灣前往中國，此次遊歷他購得了五十多件碑法帖。第五次遊學則是於大正元年（1912年，民國元年），根據《山本竟山先生 五十回忌追悼 記念展圖錄 作品集》所附的〈山本竟山年譜〉記云：

> 1912年（明治45年）壬子50歲。近年，由於中耳聾決心離開臺北，得〈潘存臨鄭文公碑〉（七月），遷居京都岡崎，於京都大學授課書法，歲末，山本去中國，他擔心搬到上海的楊守敬的安危，不知他是否避開中國辛亥革命的大亂，第五次中國遊學。〔註16〕

又根據《臺灣日日新報》民國元年（1912年，日大正元年）11月5日的記事：

> ……（十一月）五日出發，預定即刻赴上海。〔註17〕

在第五次的遊學中，中國已經爆發了辛亥革命，在上述的年譜文章中可以看見，他非常擔心搬到上海去的楊守敬，也可以知道這樣的中日交流中，所激盪出的師生情誼識非常緊密的。

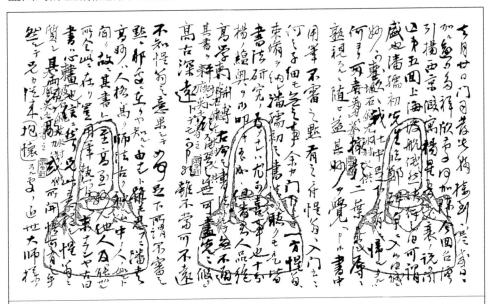

圖4－8：〈日下部鳴鶴與山本竟山書〉，六紙（各22.4×12.5），大正元年（1912年，民國元年）12月3日，書寫年齡為七十四歲。

〔註16〕 大橋泰山：《山本竟山先生五十回忌追悼記念展圖錄作品集》，第99頁，大阪、泰山書道院，昭和58年（1983年）。

〔註17〕 《臺灣日日新報》，1912年（大正元年）11月5日，7版。

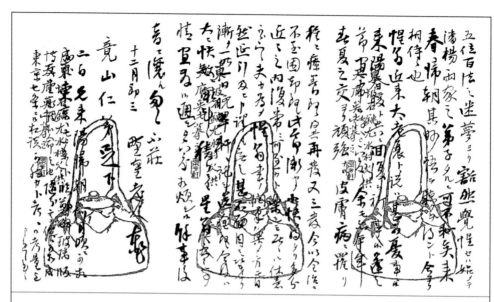

圖4−9:〈日下部鳴鶴與山本竟山書〉,六紙(各22.4×12.5),大正元年(1912年,民國元年)12月3日,書寫年齡為七十四歲。

信件的內容大致為:

在上月(1912年11月)二十日的來函中提到,你(山本竟山)從臺灣回到日本以後搬到西京(京都岡崎),不久,你聽聞楊守敬身體不適的消息,決定馬上赴中國探望楊守敬,展開第五次中國遊學,另外也取得潘孺初老師寫臨鄭文公碑之事,是極可喜之事。關於對其用筆仍有不審之處,你既是我的門生,可同時也向楊守敬問學,學潘孺初的書風對研究書法來說是非常有幫助的事,另外,要好好請教楊翁在用筆上你還不清楚的地方,聽聽他的意見。潘孺初是個人品高絕、學問淵博,對書法博古通今、高古深遠,聽說潘最高妙的是他的人格高尚、師法古老,好像神仙般,所以他的書法是至高至妙,他人是很難達到相同境界的,部分原因即在他而言,用筆、執管是瑣碎的事情。古人說「書是心畫也」,根據這部分,你到中國之時請教楊守敬的話,仍不清楚的部分都可以得到解答。〔註18〕

〔註18〕香取潤哉:《「昭和書豪」山本竟山——日本治臺時期旅臺書家研究》,第538頁,2006年7月。

可以了解，當時日下部鳴鶴，對於山本竟山第五次到中國向楊守敬求學，所給予的意見。

　　而接下來在第六次山本竟山遊學中國大正十年（1912年，民國元年），與吳昌碩相聚在上海六三園。王震〔註19〕爲紀念吳昌碩、與自己所合作畫的〈吳昌碩、王震合作畫山本的肖像〉（圖4－10），他在題贊裡寫到：

> 竟山先生，爲君一作行看子。道氣溫如指太邱。書法即今通六藝。
> 縱橫鬱勃探源流。

而吳昌碩說與山本相別十年，寫到：

> 十年不見好丰姿，聾耳誰云不入時。聽水聽風聽到老，不聞世事最
> 便宜。山本先生患重聽，予亦云然，天涯知己有如是耶！一亭畫成，
> 老缶塗之。時辛酉三月同飲六三園中。

〔註19〕王震（1867～1938年）名震，字一亭，別署白龍山人，信佛，法名覺器，浙江吳興人，寄居上海。工書、畫，花果鳥獸、人物、佛像，無所不能。天眞爛漫，雄健渾厚，與吳昌碩相近。技術純熟，大幅小幀，揮灑自如，有旁若無人之慨。性情和易，與吳昌碩最爲相傳。1920年嘗爲吳昌碩寫像。1936年嘗作一葦渡江圖。日本人最喜其作品。滬上藝術、慈善、佛教、各種社會團體，莫不參加。抗戰初期，上海陷敵，因其服務日商日清輪船公司多年，與日人相處頗久。即赴香港，旋因病重，由醫生護送返滬逝世。

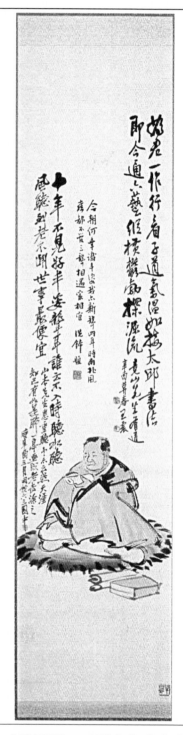

圖4-10：〈吳昌碩、王震合作畫山本的肖像〉

　　在這一篇〈吳昌碩、王震合作畫山本的肖像〉中的題跋，可以看到王震稱讚山本竟山，具有道家學者的風範，學問深廣，通曉各般文藝。吳昌碩則是寫出再次見到好友，興奮的心情，他說到自己患有重聽的現象，而山本竟山竟也患有相同的病症，真是天涯的知己，吳昌碩用「知己」兩個字去形容他與山本竟山之間的關係，可以想見當時山本竟山他與中國吳昌碩等人交往密切的中日交流盛況。

　　山本竟山第七次遊學中國是在昭和五年（1930 年，民國十九年），他在這一段期間曾購得碑法帖百餘件，在《山本竟山先生五十回忌追悼　紀念展圖錄　作品集》的〈山本竟山年譜〉中寫：「這次與辻本史邑、井上研山、多田黃山、本間貞亮、大橋泰山同行，購得碑法帖百餘件。」

圖 4－11：〈山本（中坐者）第七次遊學中國時，於船裡〉

圖4-12：〈第七次遊學中國時紀念攝影於杭州雷峰塔〉
（左上）大橋泰山（不詳）井上研山
（左下）多田黃山　本間貞亮　山本竟山　坂東貫山夫人　辻本史邑

山本竟山七次到中國遊學的交流資料，相信還有很多地方尚未清楚的部分，有待繼續的蒐集新資料並且詳細分析後，再做更加準確的紀錄。

第三節　山本竟山在台灣的足跡

山本竟山是本論文研究對象中，唯一居住過台灣的日本人，以下是他居住台灣時期的地址〔註20〕：

山本竟山在臺灣時期的地址 （根據日下部鳴鶴、楊守敬等等寄給山本的信）	1910 年 （明治 43 年） 1 月 18 日	2006 年 5 月 1 日
臺灣臺北南門街甲二号　官舍中北六三郎方 山本竟山殿 （1905 年（明治 38 年）3 月 15 日・日下部鳴鶴）	南門街	重慶南路
臺北書院街五丁目之二　高橋技師方 山本由定殿 （1906 年（明治 39 年）1 月 21 日・日下部鳴鶴）	書院街	中正區 中華路東 延平南路西
臺灣臺北書院街五丁目二番　山本由定殿 （1906 年（明治 39 年）6 月 22 日・日下部鳴鶴）		
臺北書院街五丁目之二番　山本由定殿 （1906 年（明治 39 年）8 月 10 日・日下部鳴鶴）		
臺北書院街五丁目二番　山本由定殿 （1907 年（明治 40 年）3 月 9 日・日下部鳴鶴）		
臺北書院街五丁目二番戶　山本由定殿 （1907 年（明治 40 年）7 月 25 日・日下部鳴鶴）		
臺北石坊街一丁目三十六番戶　山本由定殿（1908年（明治 41 年）2 月 18 日・日下部鳴鶴） 臺北石坊街一丁目三十六番戶　山本由定殿（1909年（明治 42 年）1 月 9 日・日下部鳴鶴）	石坊街	中正區 衡陽路
臺北南門街二丁目儉見技師官舍　山本由定啓 （1909 年（明治 42 年）3 月 15 日・宗重望）	府前街	中正區 總督府一帶 凱達格蘭大道

〔註20〕　香取潤哉：《「昭和書豪」山本竟山——日本治臺時期旅臺書家研究》，第96～97 頁，2006 年 7 月。

山本竟山在臺灣時期的地址 （根據日下部鳴鶴、楊守敬等等寄給山本的信）	1910 年 （明治 43 年） 1 月 18 日	2006 年 5 月 1 日
臺北南門街二丁目儉見技師官舍　山本由定啓 （1909 年（明治 42 年）8 月 29 日・宗重望）		
臺北府前街二丁目七十五　山本由定殿 （1909 年（明治 42 年）12 月 21 日・日下部鳴鶴）		
臺北石坊街一丁目三十六番戶　山本由定殿 （1910 年（明治 43 年）7 月 16 日・日下部鳴鶴）		
臺北府前街四　山本由定殿 （1911 年（明治 44 年）7 月 17 日・日下部鳴鶴）		
臺北石坊街一丁目三十六番戶　山本由定殿（1911 年（明治 44 年）8 月 30 日・日下部鳴鶴）		
臺灣臺北城府前街四丁目　山本竟山君　手啓 （1912 年（明治 45 年）2 月 7 日・顧西津）	府前街	中正區 總督府一帶 凱達格蘭大道
臺灣臺北府前街四丁目廿五番戶 山本竟山先生　大启 （1912 年（明治 45 年）5 月 30 日・楊守敬）		
臺灣臺北府前街四丁目廿五番戶交 山本竟山老先生　惠启 （1912 年（明治 45 年）6 月 28 日・楊守敬）		
臺北石坊街一丁目三十六番戶　山本由定殿 （1912 年（明治 45 年）7 月 29 日・日下部鳴鶴）		
臺北府前街四　山本由定殿 （1912 年（大正元年）8 月 13 日・日下部鳴鶴）		

　　在他居住過的台灣，相信也激盪出了不少台灣書壇與這位日本書家的火花，對於中日書法篆刻交流的歷史軌跡裡，他到過台灣也長年往來於中國，相信他對於中、日、台三地有著非常深厚的體會。山本竟山是一位在中日交流歷史中，所不可缺少的人物，因為時間與研究的空間有限，有著非常多的精彩資料尚未研究，待往後繼續蒐集並研究，在山本竟山的中日交流世界中研究出更多與中國交流的寶貴資料，並確實詳盡的紀錄。

　　山本竟山在台灣更有潤例的公告足跡

1912 年（明治 45 年）5 月 21 日（漢文 6 版）

對星山房書畫潤例

竟山山本氏以善書著名。近將辭臺。互遊禹域餘民國之楊惺吾守敬。
吳昌碩俊卿諸大家交遊相尚。一叩其腕下底蘊。北之交士於其行也。
爲之發起。諸君逗留數旬開書會。頒同好。鴻爪雪泥。吉光片羽茲
揭其書畫潤例如左。

一、額、幅楹聯、雅宣紙。小半切壹圓五拾錢聯落貳圓半全參圓半

大二圓半　　　　　參圓半　　　五　圓

絹錢絾

尺二（幅一尺二寸　絹絾　四圓

　　　竪　四　尺）

尺五（幅一尺五寸　絹絾　五圓

　　　竪　五　尺）

扇面匣帖每件壹圓，習字手本五十字二圓，另字數多者潤筆資亦多。

畫（絹本）潤格信於書。畫題竟山氏自擇。紹今所如左。

臺北北門通　稻 垣 漆 器 店

同　西門街　以 文 堂 印 房

　　同　　　杉 田 書 堂

同　府中街　盛 進 商 行 第二支店

同　書院街　神 島 表 具 店

同　北門通　中 野 表 具 店

同　府前街　達　　摩　　堂

同　撫臺街　市 原 表 具 店

　　同　　　杉 本 表 具 店

　　同　　　西 尾 表 具 店

同　新起街　森 永 表 具 店 〔註21〕

〔註21〕香取潤哉：《「昭和書豪」山本竟山──日本治臺時期旅臺書家研究》，第 87
頁，2006 年 7 月。

吳昌碩與山本竟山的相識，於山本竟山第二次遊學中國的時候就展開了，其後相信有很長的一段時間，推測應與每次山本氏到中國時，都會和吳昌碩見面。以下為吳昌碩所刻的山本竟山字號印。

圖 4－13：吳昌碩作〈山本氏〉邊款：「缶道人刻。」	圖 4－14：吳昌碩作〈山本悌印〉

從吳昌碩為山本竟山所刻的姓名印，可以看出當時山本竟山與吳昌碩之間的交往，應該是較為密切深入的。

另外，在山本竟山第五次遊學中國的期間，他和吳昌碩的見面得到了吳昌碩寫給山本家的墓碑篆額（圖 4－15）〔註22〕

〔註22〕 香取潤哉：《「昭和書豪」山本竟山──日本治臺時期旅臺書家研究》，第555頁，2006 年 7 月。

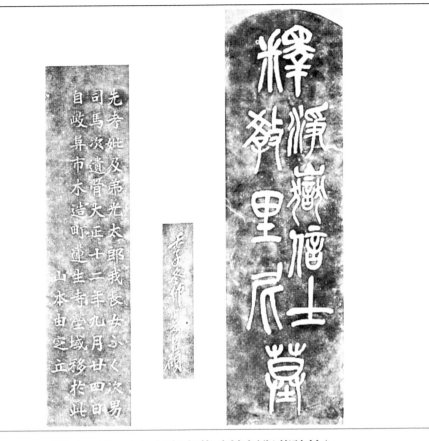

圖4−15：〈山本家之墓碑篆額與墓誌銘〉
左邊：山本竟山所寫　中間、右邊：吳昌碩所寫

　　山本竟山與日本的長尾雨山都和楊守敬有所交流，〈長尾雨山・山本竟山合作竹石圖〉（圖4−16），是山本竟山第五次到中國遊學時，和停留於上海的長尾雨山交流的資料。另外還有〈長尾雨山聯落幅〉（圖 4−17）是長尾雨山送給山本竟山的作品，兩人皆與中國有著密切的交流來往，也互相都密切的友好往來，筆者於第四章時，將會說明所蒐集到長尾雨山和中國交流的一些歷史資料。

圖 4－16：〈長尾雨山・山本竟山合作竹石圖〉

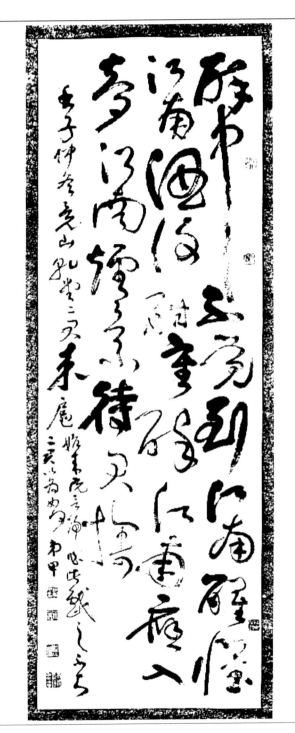

圖 4－17：〈長尾雨山書作〉

〈長尾雨山‧山本竟山合作竹石圖〉（圖4-16）：

　　竟山畫怪石，雨山作修竹已成。掛壁欣賞。此間清興不許俗人知也。

　　壬子冬夜石隱識。

第四節　山本竟山與楊守敬

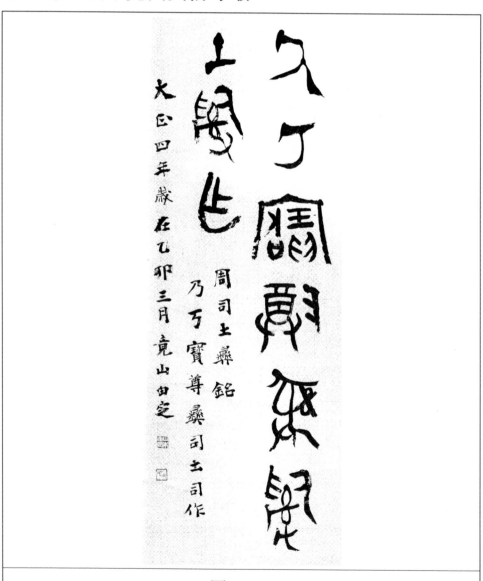

圖4-18

　　（圖4-18）爲山本竟山於大正四年（1915年，民國四年）年三月所書。同年大正四年四月楊守敬的追悼會，由山本竟山主辦，於京都圖書館展出，其中展出遺墨展以及內藤湖南、富岡謙臧、山本竟山等人的演講。

一、山本竟山與楊守敬的書信

　　在山本竟山與楊守敬書信往來資料中，可看見楊守敬與山本竟山之間的談話，以及楊氏對於山本竟山的教導及厚愛。

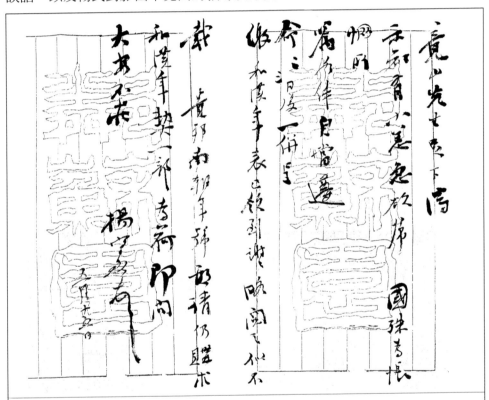

圖4-19：兩紙（各28.1×16.5），光緒二十八年（1902年，清光緒二十八年），書寫年齡：六十三歲。

〈楊守敬與山本竟山書〉（圖4-19），云：

> 竟山先生足下。得示知有小恙，急欲歸國，殊爲悵惘。所囑各件，自當遵命二三日後一併呈繳。和漢年表已領到，謝謝。略閱之，似不載貴邦南朝年號，敢請仍購求和漢年契一部爲荷。即問大安。不莊。楊守敬頓首。五月十五日。

　　楊守敬收集日本南朝時的年號古籍，在這一篇信件當中述說，他想對照中國的古代年號為何，所以希望，回日本看病的山本竟山代為購買。此時正是山本竟山到中國的第一年。山本竟山共有五次去訪問楊守敬，其中五月左右的行程就是第一次光緒二十八年（1902 年，日明治三十五年）三月出發一直到夏天的行程，所以判定此封信是山本第一次遊學中國時，楊守敬寫書簡給停留在中國的山本竟山。

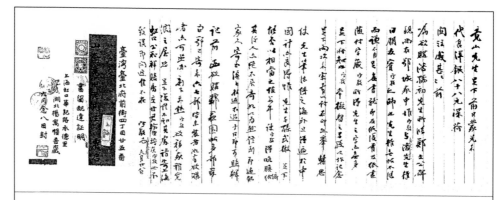

圖 4－20：〈楊守敬寫給山本的信民國元年（1912 年，日大正元年）
　　　　　6 月 28 日〉四紙（各 23.9×12.5cm），封筒 19.5×8.4cm。
　　　　　書寫年齡為七十三歲。

〈楊守敬寫給山本的信民國元年（1912 年，日大正元年）6 月 28 日〉云：
　　竟山先生足下：前日蒙兌來代售洋銀八十八元，深荷關注，感甚、感
　　甚！前囑欲購潘孺初先生所臨鄭文公碑，現尚在鄂城家中。惟守敬與
　　潘先生雖曰朋友，實守敬之師也。先生雖無帖不臨，而謙不自足，每
　　書就即反紙復書，及紙盡，隨付字藏。守敬所得先生之字亦無多，足
　　下所知也。守敬本擬留之子孫以作記念，足下兩次來索，有以付石印
　　之舉，轉思使先生筆法傳之海外，且傳遍於中國，計亦良得。惟先生
　　子孫式微，足下能否以相當之值若干，使守敬得略贍給濟其後人，亦
　　絕不居奇。如以為然，信到即速飭家人寄至滬上，往返不過十日即可
　　照辦。記前函欲購鄰蘇園帖多部，茲由鄂已寄來六七部，皆未裝者，
　　如有欲購者亦可照辦。刻下天熱，守敬欲移家稍寬闊之屋，恐足下復
　　信不知其處，請寄上海虹口公和祥賬房交甘君翰臣轉交守敬必不致
　　誤。即問近佳，不盡。守敬頓首　六月廿八日

此信件為楊守敬與山本竟山，台灣與上海間的通信。此次為山本竟山第五次到中國遊學時，楊守敬寄給山本竟山的信件。信封上記「六月念八日封」，有台灣郵局的「JAPAN 30.5.12 民國元年（1912 年，日大正元年）」的戳記。

圖 4－21：鄭文公下碑

鄭文公下碑（圖 4－21）全稱《魏故中書令秘書監使持節督兗州諸軍事安東將軍兗州刺史南陽文公鄭君之碑》。鄭道昭書。北魏永平四年（511 年，日繼體天皇五年）立。正書。五十一行，行二十九字。（1266.4×361.6cm）。額正書「滎陽鄭文公之碑」二行七字。碑後刻宋政和三年（1113 年，日天永四年），秦峴等正書題名四行。在山東掖縣雲峰山之東寒洞山。有清光緒初年拓本。上海藝苑賞眞社有影印本。

清包世臣在《藝舟雙楫》中云：

> 北魏書《經石峪》大字、《雲峰山五言》、《鄭文公碑》、《刁遵墓誌》
> 為一種，皆出《乙瑛》，有雲鶴海鷗之態。〔註23〕

〔註23〕劉正誠：《中國書法鑑賞大辭典》，第230頁，香港，旺文出版社。

鄭文公下碑在書壇上贏得了一種持久的力量，而這種力量使它享有與王羲之相抗衡的「北方書聖」之盛譽。它使東瀛墨客趨之若鶩，它不甚奇崛的筆畫、不甚歸整的結體，作爲楷書來欣賞，卻難以令一般人爲之首肯。但若把這種象氣結合來看，只要具有澄懷味象的靜觀態度，就不難發現《鄭文公下碑》的魅力。清代的趙之謙也曾在此碑上下過一番用心。

信中楊守敬表示，這件潘孺初先生所臨的《鄭文公下碑》本來是他想留下來的，但因爲山本竟山兩次的請求，表明想購買的決心，所以楊守敬割愛賣出。在此可以看出當時戰亂中的楊守敬一方面可能在經濟上有短缺，所以願意出售這份珍貴的收藏。另一方面對於山本竟山的厚愛，從此寶貴的藏品買賣中，可看出楊守敬對於這位學生的重視。信中另外提及山本竟山想購買多部的《鄰蘇園帖》，這樣一來一往的師生交流，也促成中日在書法上的重要交流傳承。藉由山本竟山，讓日本境內更多學習書法的同好，可以欣賞及閱讀，中國珍貴的字帖及文。

二、山本竟山與楊守敬的筆談資料

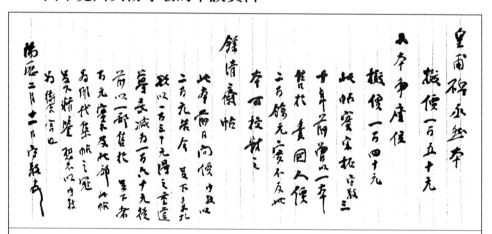

圖 4-22：〈楊守敬與山本竟山書簡〉，一紙（23.6×51.1），光緒二十九年（1903年，日明治三十六年），書寫年齡爲六十四歲。

〈楊守敬與山本竟山書簡〉云（圖4-22）：

　　皇甫碑丞然本，

　　擬價一百五十元。

　　小本爭座位，

擬價一百四十元：

此帖實宋拓，守敬三

十年前曾以一本

售於貴國人價

二百餘元，實不及此

本，可校對之。

餘清齋帖，

此本前日問價，守敬以二百元告；今

足下來札欲以一百三十元得之，重違

尊意，減爲百六十元。從前以一部

售於足下者百元，實不及此部。此帖

爲明代集帖之冠，足下精鑒，想不以守敬

爲讕言也。

陽曆二月十一日守敬頓首。

在這段楊守敬與山本竟山的談話中，可以發現這是一封有關談論買賣字帖的書信，楊守敬表示〈皇甫碑丞然本〉他擬價一百五十元，〈小本爭座位〉擬價一百四十元，他在十三年前光緒十六年（1890 年，明治二十三年），曾經賣給日本人，當時價錢爲二百多元，可請山本竟山察看對照，是否屬實。對於〈餘清齋帖〉，在日前山本竟山曾經問價，楊守敬以兩百元回答之，但山本竟山希望以一百三十元買到此字帖，在此楊守敬再次的回覆，表示不能遵照山本竟山的期待，但還是願意降低價錢，以一百六十元賣出。

在這段楊守敬回覆給山本竟山的書信中，雖然討論的是買賣的事宜，但對於學生山本竟山的疼愛，還是可以在書信的過程中明顯的表示，在此篇楊守敬的書信當中，他表示對於之前的字帖買賣，和他賣給山本竟山的價錢，並不相同。同樣是賣給日本人，但是他賣給山本竟山的價錢卻是較便宜的價錢，在〈餘清齋帖〉的買賣過程中，山本竟山來信希望壓低楊氏所給的原價，雖然楊守敬並沒有接受，但是仍低於原來的價錢四十元，相信在光緒二十九年（1903 年，日明治三十六年）時，一百元的價錢並非一項小的數目，楊守敬願意爲山本竟山，少掉四十元賣出，實在可看出楊守敬對於學生山本竟山厚愛。

　　山本竟山在此次遊學中得到了楊守敬所珍藏珍貴的餘清齋帖。關於珍貴的餘清齋帖，其內容據沈尹默〈餘清齋帖法帖考略〉云〔註24〕：

　　「晉唐人法書跡，宋代尚有流傳，藏於祕閣，只供帝王及少數侍臣之欣賞，民間鮮得寓目。宋以後日漸散出，得之者雖片紙隻字，亦視同珠璧。明人頗好翰墨，肆力搜求，間獲一二，以廣其傳，餘清齋法帖即其一也。此帖模刻極精，推爲明帖之上乘。刻者吳廷，字用卿，號江村，新安人（或作新都人，誤）。據明沈德符所撰野獲輯卷廿六小楷墨刻條云：「近日新安大估吳江村名廷者，刻餘清堂（齋）帖，人極稱之，乃其友楊不器（棄）手筆，稍得古人遺意。」沈氏論明人法帖，惟推此帖，則其精善，當非過譽。清王澍所撰古今法帖考附錄題餘清齋帖云：「新安吳太學用卿，以所藏眞蹟模勒餘清齋正帖十六卷、續帖八卷，刻極精詳，惜是板本，不免猶有斧鑿痕跡。」虛舟精於書法，其推許亦如此。清楊賓（大瓢）所撰鐵函齋題跋硬黃本十七帖云：「吳用卿刻入餘清齋法帖，明季以來，價比圭璧，今帖石已散，如此初搨者，尤當寶愛，殘缺無害也。」大瓢康熙間入，工書，精於鑒賞，據其所說，則明末以來，已極珍貴，即殘編斷簡，亦所愛惜。此石之散失，當在明末清初之際。日本人今關壽麿所著法帖叢話（昭和七年東京民友社版）謂此石至清嘉慶間尚存，未知何據。楊守敬曾搜訪多年，只見殘本三部。大正十四年四月比田井天來氏借以覆刻者，僅餘八卷，想係將諸殘本併湊而成。茲從希白先生處借到日本影印此帖一函，「袖珍餘清齋法帖」，帖前有董其昌題「餘清齋」三字共八卷八冊，其卷次和帖目如：

第一：王右軍十七帖（除宋人跋語之外，有宋濂吳廷兩跋。）

第二：王右軍遲汝帖、脩楔帖（有宋濂、蔣子雲、楊明時三跋）、樂毅論（有邢侗、楊吳廷三跋）、黃庭經、霜寒帖（有董其昌二跋和楊明時一跋）。

第三：王元琳伯遠站（有董其昌、楊明詩、吳廷三跋）、王大令中秋帖（有董其昌一跋）敬蘭草（有董其昌、楊明時二跋）、王子敬東山帖（有楊明時一跋）、永禪師歸田賦繡、吳寬、董其昌三跋）虞永興積時帖（有董其昌、楊明時、吳廷三跋）。

〔註24〕沈尹默：〈餘清齋帖法帖考略〉，《中華藝林叢論》第三冊，第217～221頁，臺北、文馨出版社，民國65年（1976年）。

第四：孫過庭千字文（有邢侗、焦竑、黃輝、董其昌、吳廷五跋）、顏魯
　　　公祭姪帖（有揚吳廷二跋）。

第五：蘇長公赤壁賦（有吳廷跋）、米南宮千字文。

第六：米南宮評紙帖（有吳寬、董其昌、楊明時、吳廷四跋）、米南宮路
　　　右軍至洛峙。

第七：王右軍行讓帖（有蓋其昌二跋）、思想帖（有文徵明、吳廷二跋）、
　　　東方生像讚（有宋濂、董其昌二跋）、鴨頭帖、洛神賦十三行。

第八：王右軍胡母帖（有董其昌跋）、謝太傅中郎帖（有焦竑、董其昌二
　　　跋）、顏魯公明遠帖（有王穉登、吳廷二跋）。

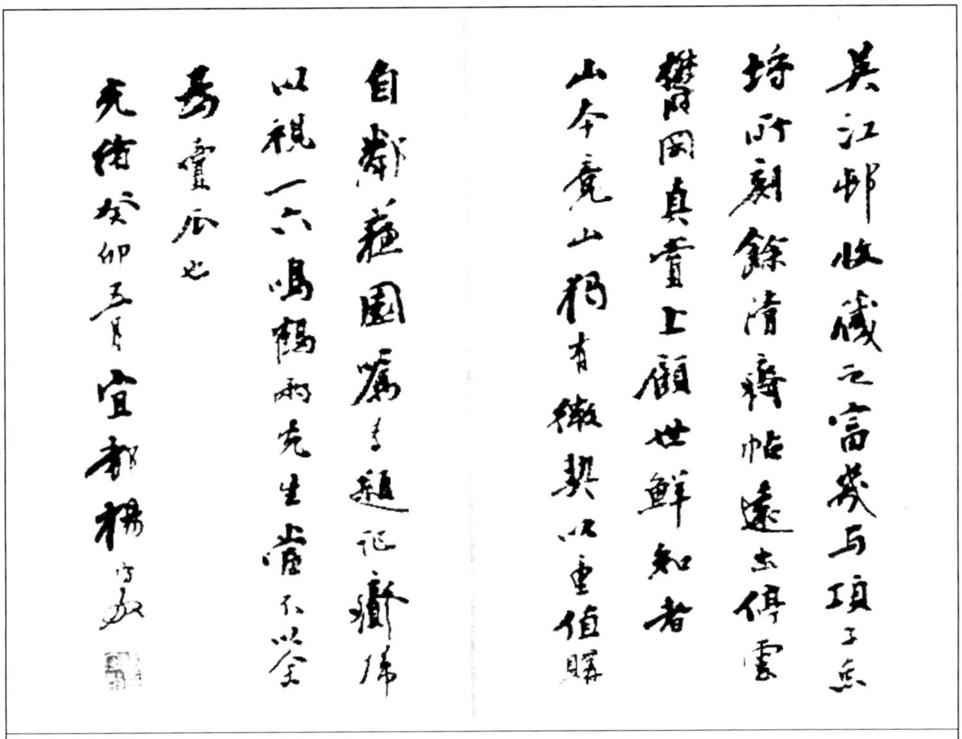

圖4－23：〈餘清齋帖卷首題跋〉

楊守敬〈餘清齋帖卷首題跋〉（圖4－23）記云：

> 吳江邨收藏之富，幾與項子京垺，所刻餘清齋帖，遠出停雲、鬱岡、
> 真賞上，顧世鮮知者。山本竟山獨有微契，以重值購自隣蘇園，囑
> 爲題記。齋歸以視一六、鳴鶴兩先生，當不以余爲賣瓜也。光緒癸
> 卯五月，宜都　楊守敬。（楊守敬印）

　　《餘清齋帖》是楊守敬最欣賞及喜愛的集帖，被他譽爲明代最佳的集帖，楊守敬愛書成癖，舉凡異書、古籍、碑帖之蒐羅，無不加以考證、評騭。他在自己所著的《學書邇言》書中的〈評帖〉裡評云：

> 清齋帖八冊，明吳用卿刻，大抵皆以墨跡上石，又得楊明時帖筆之
> 精，故出明代諸集帖之上。其石乾嘉間尚存，無翻刻者。余竭力搜
> 得三部，以一部售之日本山本竟山，家存兩部，今未卜存亡，惜哉。

〔註25〕

在《學書邇言》中的這一段〈評帖〉中可以看到，楊守敬對於《餘清齋帖》的讚賞和愛好，他認爲《餘清齋帖》在明朝的諸帖之上，並在往後的時間裡幾乎沒有翻刻，所藏《餘清齋帖》，是自己竭盡心力去蒐集的珍貴法帖，共有三部。但一部已售給山本竟山，另外兩部存放在家中，但楊守敬遭逢中國辛亥革命的戰亂，所以在寫《學書邇言》一書中，非常感慨及惆悵對於所珍愛的收藏，今流離所失。

〔註25〕 中田勇次郎，《中國書論大系　第一八卷・清8》，第 120～121 頁，東京、二玄社，1992 年。

圖4－24：〈餘清齋帖　五島美術館本〉的局部

圖 4－25：寫給山本竟山的〈楊守敬範書水經注漸江水〉，光緒二十八
年（1902 年，日明治三十五年）楊守敬約六十三歲。

寫給山本竟山的〈楊守敬範書水經注漸江水〉。釋文（圖4-25）：

寧於山與嵊山，峯嶺相接，元琳謂之神明。

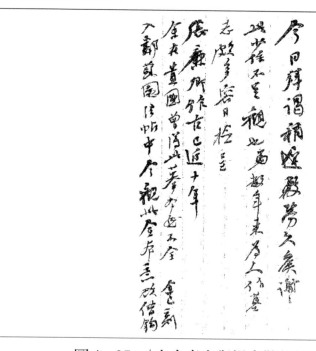

圖4-26：寫給山本竟山的〈楊守敬範書李白將進酒〉

寫給山本竟山的〈楊守敬範書李白將進酒。〉釋文（圖4-26）：

天生我材必有周（用）

楊守敬示範書寫贈與山本竟山的〈楊守敬範書水經注漸江水。〉及〈楊守敬範書李白將進酒。〉這兩帖（圖4-25）（圖4-26）竟山於光緒二十八年（1902年，日明治三十五年）三月第一次到中國遊學，他到武昌拜訪楊守敬時，受到非常的厚愛的待遇，這時候楊守敬書寫範本給山本竟山。楊守敬的書風與日本當時的書風相異，每一筆線條都的表情都很豐富，山本竟山看到這樣的示範應該是感其驚嘆的。

圖4-27：〈山本竟山與楊守敬的筆談之一〉

在〈山本竟山與楊守敬的筆談之一〉（圖4－27）云：

> 今日拜謁稍遲，致勞久候，謝謝。此少作不足觀也，弟數年來爲人
> 作墓志頗多，容日檢呈。張廉卿作古已近十年。余在貴國曾得此摹
> 本，然不全，余已刻入鄰蘇園法帖中；今觀此全本，意欲借鈎。

這篇爲楊守敬對山本竟山的筆談之一，其中談到楊守敬爲人作墓誌頗多。張
廉卿〔註26〕已去世近十年。楊氏曾在日本得到此摹本，但是不完全，他已刻
入《鄰蘇園法帖》中，今天他從山本竟山這看到此全本，想向山本竟山借來
摩鈎當年缺少的部分。

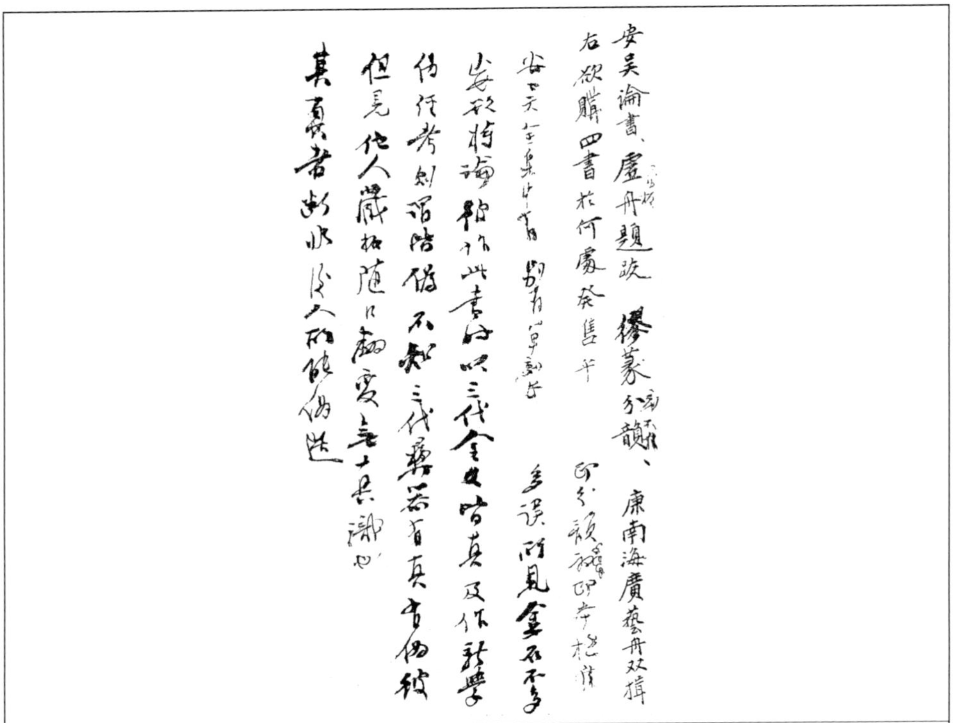

圖4－28：〈山本竟山與楊守敬的筆談之二〉，一紙29.5×19.7cm。

〔註26〕張裕釗（1823～1894年），字廉卿。湖北武昌東溝鎮龍塘張村人。近代散文
家、書法家。道光二十六年（1846年）中舉，考授內閣中書。後入曾國藩幕
府，與黎庶昌、薛福成、吳汝綸合稱曾門四弟子。工書法，用筆外方內圓，
學北魏《張猛龍碑》、《弔比干文》，東魏《凝禪寺三級浮圖碑》以及隋《淳
于儉墓誌》。康有爲在《廣藝舟雙楫》中評說：「湖北張裕釗，其書高古渾
穆，點畫轉折，皆絕痕迹，而意態逋峭特甚。其神韻皆晉宋得意處。眞能甄
晉陶魏，孕宋梁而育齊隋，千年以來無與比」。有日本弟子宮島詠士。著有
《濂亭文集》、《濂亭遺文》、《濂亭遺詩》等。

在〈山本竟山與楊守敬的筆談之二〉（圖4－28）中記：

（山本竟山）安吳論書〔註27〕、虛舟題跋〔註28〕羅板、繆篆分韻〔註29〕（刻不佳）、康南海廣藝舟雙楫〔註30〕，右欲購四書，於何處發售乎？

（楊守敬）「漢印分韻初印本極佳。安吳全集中有，別有單刻本。多誤，所見金石不多妄欲持論；彼作此書時以三代金文皆眞，及作新

〔註27〕 包世臣（1775～1855年），清朝文學家，字慎伯，晚號倦翁，安徽涇縣人。包世臣自幼家貧，但勤於詞章，並喜談國事。嘉慶十三年（1808年）中舉，但多次考進士不中。此後曾先後爲陶澍、裕謙、楊芳幕客。他一生研究國事，東南各官吏都紛向他諮詢，以此名滿江淮。包世臣思想，反對脫離民事，文章也大都關切時務政事。他反對傳統「重農抑商」政策，以「好言利」自許，提出「本末皆富」爲「千古治法之宗」、「子孫萬世之計」；他又提出「生齒日繁，地之所產，不敷口食」的「人多致貧」論。他堅持經世致用之學，對鴉片戰爭前後的社會和經濟問題，作了較爲廣泛的探討，主張具有進步意義的社會改革，在當時社會上有一定影響。著作有《中衢一勺》、《藝舟雙楫》、《安吳論書》、《管情三義》、《齊民四術》。

〔註28〕 王澍（1668～1743年），字若林，號虛舟，江南金壇人，清代進士，以書法聞名。王澍於康熙五十一年（1712年）中進士，選庶吉士，散館授翰林院編修，累遷戶科給事中。雍正初年，改吏部員外郎。二年後告歸，專註書法，名揚海內。四種書體皆善，特別致力於唐歐陽詢、褚遂良兩家。內閣學士翁方綱稱其「篆書得古法，行書次之，正書又次之」。有《虛舟題跋》。

〔註29〕 桂馥（1736～1805年），字冬卉，號雩門，別號蕭然山外史。山東曲阜人。少承家學，博涉群書，潛心小學，精於金石六書之學，認爲「士不通經，不足致用；而訓詁不明，不足以通經」。乾隆三十三年（1768年），以優行貢入國子監，補長山縣（今屬鄒平）縣學訓導。乾隆五十五年（1790年）進士，嘉慶元年（1796年）選雲南永平縣知縣，嘉慶十年（1805年）卒於官。桂馥和段玉裁同時治《說文》，人稱「南段北桂」，撰《說文解字義證》五十卷，被後人譽爲「清代說文四大家」之一。又與周永年在濟南五龍潭畔修建了潭西精舍，並撰《潭西精舍記》一文，刻石立於潭旁。著有《札朴》、《晚學文集》、《說文諧聲譜考證》、《歷代石經考略》等。

〔註30〕 康有爲（1858年3月19日～1927年3月31日），又名祖詒，字廣廈，號長素，又號長素、明夷、更甡、西樵山人、游存叟、天游化人，廣東省南海縣丹灶蘇村人，人稱康南海，中國政治家、思想家、教育家，光緒廿一年（1895年）進士，曾與弟子梁啓超合作戊戌變法，後事敗，出逃。他信奉孔子的儒家學說，並致力於將儒家學說改造爲可以適應現代社會的國教，曾擔任孔教會會長。著有：教學通義、民功篇、康子內外篇、毛詩禮征、實理公法全書、長興學記、新學僞經考、廣藝舟雙輯（又名《書鏡》）、桂學答問、南海康先生口說（又名《萬木草堂口說》）、春秋董氏學、俄羅斯大彼得變政記、孔子改制考、日本書目志、日本變政考、列國政要比較表、波蘭分滅記、春秋筆削大義微言考、康南海官制議等。

學偽經考則謂皆偽；不知三代彝器有眞有偽，彼但見他人藏拓隨口
翻變，無眞識也；其眞者斷非後人所能偽造。」

書跡中的右側小寫（括弧內的部分），應是楊守敬回答所書。這裡看見山本竟
山對於《安吳論書》、《虛舟題跋》、《繆篆分韻》、《廣藝舟雙楫》四書要到何
處購買，表示詢問，而楊守敬也直接回答他，對於版本的好壞表示評論。楊
守敬認爲康有爲在作《廣藝舟雙楫》時，先是認爲三代金文皆眞，但在其後
出版的《新學偽經考》時，卻又推翻之前所說的。楊守敬認爲他並不眞正的
了解，只是但見他人的收藏拓本，便隨口翻變。這樣的行爲，楊氏認爲並無
眞正了解與認識，眞跡與眞本斷非後人所能偽造。並推薦《漢印分韻》初印
本，而認爲《繆篆分韻》刻不佳。

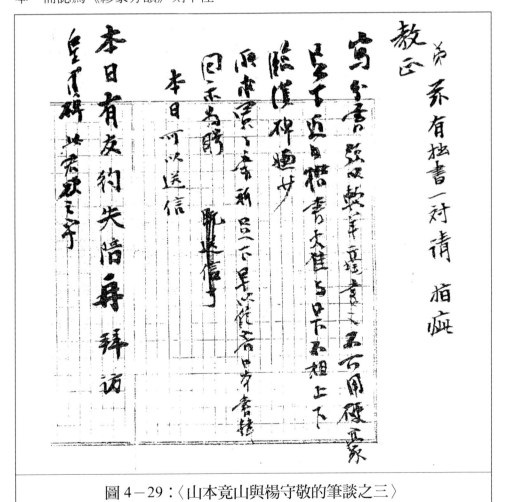

圖4－29：〈山本竟山與楊守敬的筆談之三〉

又，〈山本竟山與楊守敬的筆談之三〉（圖4－29）記有：

（山本竟山）弟茲有拙書一對，請指疵教正。

（楊守敬）寫分書須以軟羊毫書之，不可用硬豪，足下近日楷書大佳，與日下不相上下。臨漢碑嫌少。所求買之書，祈足下早以信寄日本書肆回示爲盼。

（山本竟山）本日可以送信。本日有友約，失陪，再拜訪。

（楊守敬）皇甫碑此君欲之乎。

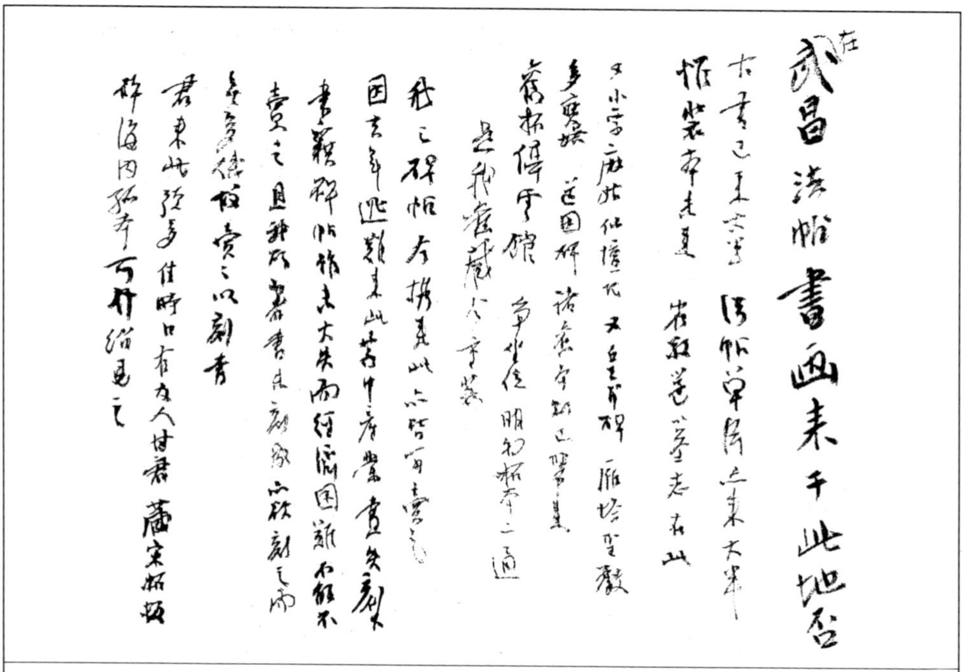

圖4－30：〈山本竟山與楊守敬的筆談之四〉一紙 29.5×19.7，民國元年（1912年，日大正元年），年約七十三歲，竟山五十歲。

另見〈山本竟山與楊守敬的筆談之四〉云（圖4－30）：

（山本竟山）在武昌法帖書畫，來于此地否？

（楊守敬）古書己來大半，法帖單片亦來大半，惟裝本未來。崔敬邕墓志〔註31〕在此。又，小字麻姑仙壇記〔註32〕，又，皇甫碑〔註

〔註31〕 全稱《魏故持節龍驤將軍督營州諸軍事營州刺史征虜將軍太史大夫臨青男崔公之墓誌銘》。北魏正書石刻。熙平二年刻。清康熙十八年出土于安平，不久即毀。用筆外柔內剛，結體活潑，風格妍麗多姿。《海日樓劄叢》評稱：

33〕、雁塔聖教〔註34〕、多寶塔〔註35〕、道因碑，諸舊本則已帶來。

舊拓停雲館爭坐位，明初拓本二通，是我舊藏，今重裝。

「此志用筆略近《李超》，尚不及《刁惠公》之茂密……清潤外複與《司馬景和妻》相近。」傳世原石拓本有端方、劉鶚、劉健之、陶心雲、費念慈、潘宵等人藏本。

〔註32〕 唐朝書法家顏眞卿，於西元 771 年時所書（大曆六年四月，顏眞卿時年六十三歲）。全稱《有唐撫州南城縣麻姑山仙壇記》。此時顏眞卿在撫州刺史任上，因仕途受挫，故而心向道、禪。大曆六年四月，顏眞卿遊覽南城縣麻姑山，並撰文記述麻姑得道成仙之事。原刻在江西建昌府南城縣西南二十二里山頂。傳此帖本有大、中、小三種，因原石均佚，故難尋佳本。傳世宋刻本就有張之洞、何子貞、端方、羅振玉藏本和戴熙、趙子謙跋本等數種。馬子云《碑帖鑒定》稱：「聞何紹基（子貞）藏宋拓本，後爲顏韻伯藏，現不知爲何人所藏。又稱原石爲雷火所破，元建昌知府梁伯達重建。然元刻本今也罕見。以後又有唐晏雲本，忠義堂何氏本、黃氏本，惟唐氏刻本最善，何氏本最劣。《校碑隨筆》云：上海原石石印本，即羅振玉所藏，有張廷濟跋，現也不知存於何處。」

〔註33〕 《皇甫誕碑》用筆緊密內斂，剛勁不撓。點畫重在提筆刻入，此爲唐初未脫魏碑及隋碑的瘦勁書風所特有的筆法特點。楊士奇云：「詢書骨氣勁峭，法度嚴整，論者謂虞（世南）得晉之飄遺，歐（陽詢）得晉之嚴整。觀《皇甫誕碑》其振發動盪，豈非逸哉？非所謂不逾矩者乎？」翁方綱說：「是碑由隸成楷，因險絕而恰得方正，乃率更行筆最見神采，未遽藏鋒，是學唐楷第一必由之路也。」此碑用筆研潤，雖爲歐陽詢早年作品，但已具備了「歐體」嚴整、險絕的基本特點。明王世貞云：「率更書皇甫府君碑，比之諸帖尤爲險勁。是伊家蘭台（歐陽通）發源。」楊賓在《大瓢偶筆》中說：「信本碑版方嚴莫過於《邕禪師》，秀勁莫過於《醴泉銘》，險峭莫過於《皇甫誕碑》，而險絕尤爲難，此《皇甫碑》所以貴也。」

〔註34〕 《雁塔聖教序》亦稱《慈恩寺聖教序》。凡二石，均在陝西西安慈恩寺大雁塔下。前石爲序，全稱《大唐三藏聖教序》，唐太宗李世民撰文，褚遂良書，21 行，行 42 字。後石爲記，全稱《大唐皇帝述三藏聖教記》，唐高宗李治撰文，褚遂良書，20 行，行 40 字，文右行。
二石皆爲楷書，萬文韶刻。現所選爲前石拓本。《雁塔聖教序》是最能代表褚遂良楷書風格的作品，字體清麗剛勁，筆法嫻熟老成。褚遂良在書寫此碑時已進入了老年，至此他已爲新型的唐楷創出了一整套規範。在字的結體上改變了歐，虞的長形字，創造了看似纖瘦，實則勁秀飽滿的字體。在運筆上則採用方圓兼施，逆起逆止：橫畫豎入，豎畫橫起，首尾之間皆有起伏頓挫，提按使轉以及回鋒出鋒也都有了一定的規矩。唐張懷瑾評此書云：「美女嬋娟似不輕於羅綺，鉛華綽約甚有餘態。」秦文錦亦評曰：「褚登善書，貌如羅琦嬋娟，神態銅柯鐵干。此碑尤婉媚遒逸，波拂如游絲。萬文韶（刻者）能將轉折微妙處一一傳出，摩勒之精，爲有唐各碑之冠。」

〔註35〕 《多寶塔碑》是唐代重要碑刻，是書法中楷書代表作品。此碑是顏眞卿書，是爲顏眞卿早期楷書代表作品,也是顏體書法的代表帖。

我之碑帖，今攜來此，亦皆可賣之。因去年逃難來此，家中產業盡
失，刻下書籍碑帖惟未大失，而經濟困難，不能不賣之。且我所著
書未刻成，亦欲刻之，而無多錢，故賣之以刻書。君來此，須多住
時日，有友人甘君藏宋拓版碑海內孤本，可介紹見之。

這篇書信，為學生山本竟山問楊守敬，在武昌的書籍是否運送到上海。楊守
敬亦回答表示其運送的狀況，接下來談及買賣碑帖的想法，因戰亂導致經濟
困難等因素，不得不藉由變賣藏帖等，維持家計，及達成刻刊著作之期望。
其後表示山本竟山此次到中國，他可介紹收藏家，能見到一些海內孤本的宋
拓碑版。其對於山本竟山的厚愛，由此可以看出。

　　（圖 4－31）、（圖 4－32）為，〈山本竟山與楊守敬的筆談之四〉中楊守
敬所論述的〈崔敬邕墓志〉及〈皇甫誕碑〉。

| 圖 4－31：〈崔敬邕墓志〉（費念慈舊藏本） | 圖 4－32：歐陽詢〈皇甫誕碑〉 |

（圖 4－33）、（圖 4－34）爲，〈山本竟山與楊守敬的筆談之四〉中楊守敬所論述的〈雁塔聖教序〉。

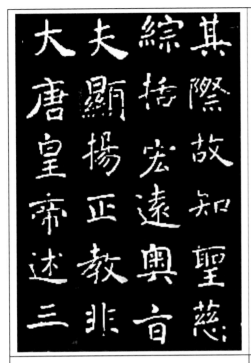

| 圖 4－33：褚遂良〈雁塔聖教序〉 | 圖 4－34：褚遂良〈雁塔聖教序〉 |

圖 4－35：〈楊守敬與山本竟山的尺牘〉

另外，在一封〈楊守敬與山本竟山的尺牘〉（圖4-35）中寫道：

> 竟山先生足下：前日得手翰并銀元五十枚（尚未往取，以郵局不熟
> 之故，俟請得貴邦人通語者同取之）。昨日照來札檢呈各書寄上（另
> 有單）。潘孺初先生臨鄭文公碑，足下既酷愛之，自可奉讓，奈我之
> 舊書俱在武昌城中，雖經黎副統保護，而我守屋之人，據為己有，
> 聲言非黎公命令不能揭封條，而黎公軍事旁午，此等事大半由參議
> 作主，以為國粹既經保護，即不得出售，故吾屢次着兒子二人到武
> 昌，而不能取書。大約非吾親身回武昌，不能得書。如天之福，吾
> 家不毀，他日或能以潘書寄足下；此次所寄新書，是在封條外者，
> 然已不多（以後能獲印尚未可知）。有鄰蘇園帖，石多碎，即平定後，
> 亦難補刻，前日所寄之二部，猶是初拓，願足下勿輕視之也。餘容
> 續申，即頌道安不莊。守敬頓首，二月廿十日。

這是山本竟山向楊守敬取得〈潘存臨鄭文公下碑〉之前的書信交流紀錄。關
於潘存的傳記資料，以下為楊守敬在〈潘存臨鄭文公下碑〉的題跋中所寫的
詳細記事（圖）：

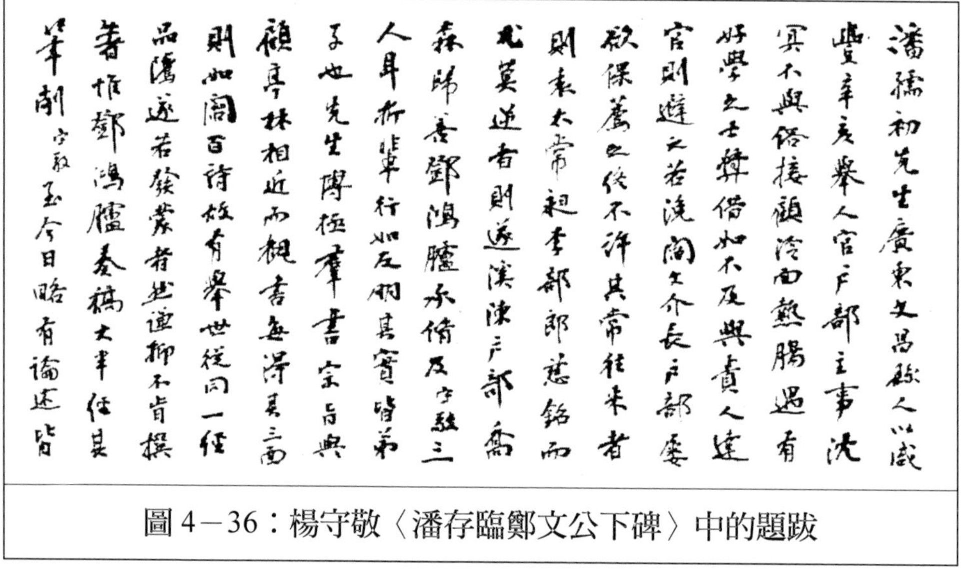

圖4-36：楊守敬〈潘存臨鄭文公下碑〉中的題跋

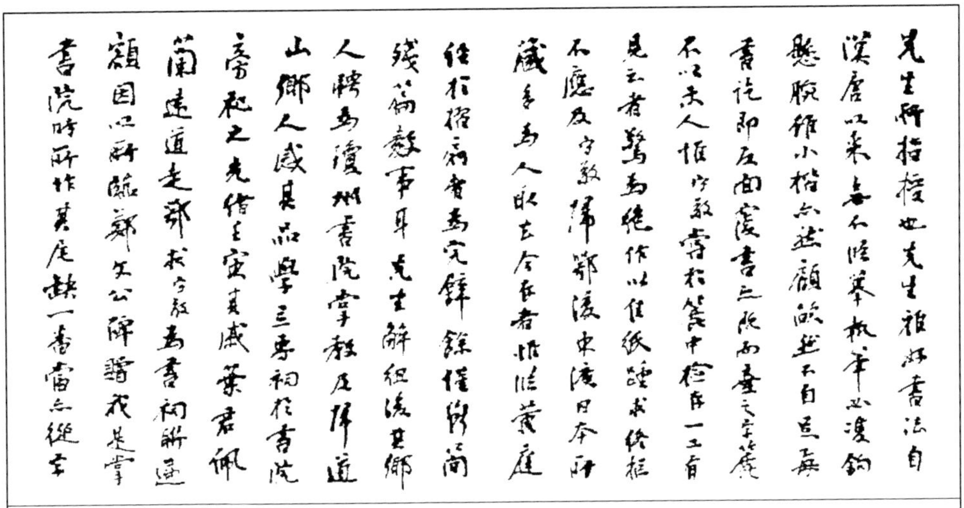

圖4－37：楊守敬〈潘存臨鄭文公下碑〉中的題跋

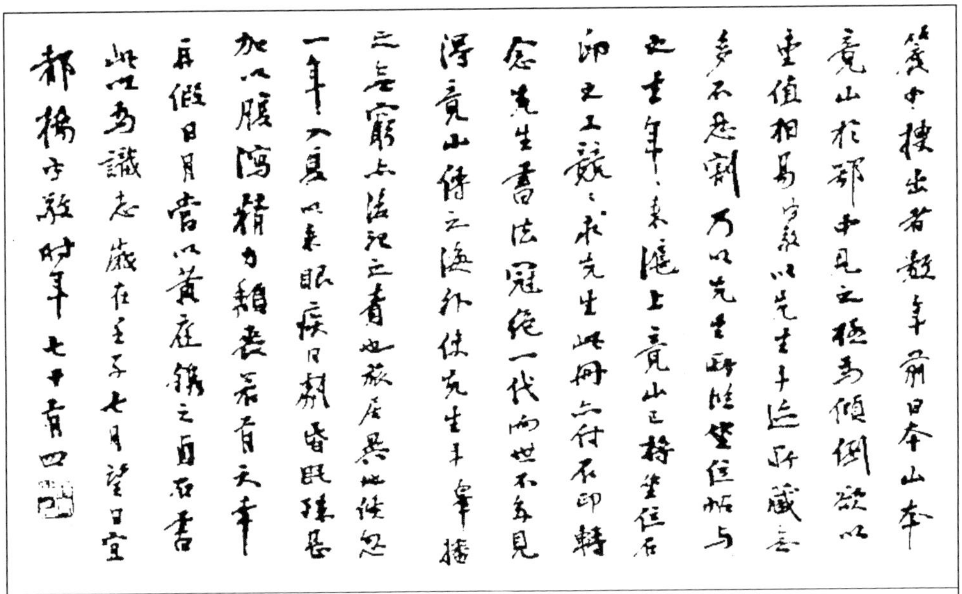

圖4－38：楊守敬〈潘存臨鄭文公下碑〉中的題跋

　　楊守敬〈潘存臨鄭文公下碑〉中的題跋（圖4－36）、（圖4－37）、（圖4－38）云：

　　　　潘孺初先生，廣東文昌縣人，以咸豐辛亥舉人，官户部主事，沉冥不

　　　　與俗接，顧冷面熱腸，遇有好學之士獎借如不及，與貴人達官則避之

若浼。閩文介長戶部，屢欲保薦之，終不許。其常往來者，則袁太常昶、李部郎慈銘，而尤莫逆者則遂溪陳戶部喬森、歸善鄧鴻臚承修及守敬三人耳；折輩行如友朋，其實皆弟子也，先生博極群書宗旨，與顧亭林相近，而觀書每得其三面，則如閻百詩，故有舉世從同一經品騭遂若發蒙者，然謙抑不肯撰著，惟鄧鴻臚奏稿大半經其筆削，守敬至今日略有論述，皆先生所指授也。先生雅好書法，自漢唐以來無不臨摹，執筆必復鉤懸腕，雖小楷亦然，顧欣然不自足，每書訖即反面覆書，既而棄之字簏，不以示人。惟守敬嘗於簏中檢存一二，有見之者驚為絕作，以佳紙踵求，終拒不應。及守敬歸鄂後東渡日本，所藏多為人取去，今存者惟臨黃庭經於摺扇者為完璧，餘僅斷簡殘篇數事耳。先生解組後，其鄉人聘為瓊州書院掌教，及歸道山，鄉人感其品學，立專祠於書院旁祀之。光緒壬寅，其戚葉君佩蘭遠道走鄂，求守敬為書聯、遍額，因以所臨鄭文公碑贈我，是掌書院時所作，其尾缺一番，當亦從字簏中搜出者。數年前日本山本竟山於鄂中見之，極為傾倒，欲以重值相易，守敬以先生手跡所藏無多，不忍割，乃以先生所臨座位帖與也。去年來滬上，竟山已將坐位石印之工，競競求先生此冊亦付石印，轉念先生書法冠絕一代而世不多見，得竟山傳之海外，使先生手澤播之無窮，亦後祀之責也。旅居異地攸忽一年，入夏以來眼疾日劇，昏眠殊甚，加以腹瀉，精力頹喪，若有天幸再假日月，當以黃庭鐫之貞石。書此以為識志。歲在壬子七月望日，宜都楊守敬時年七十有四。（楊守敬印）

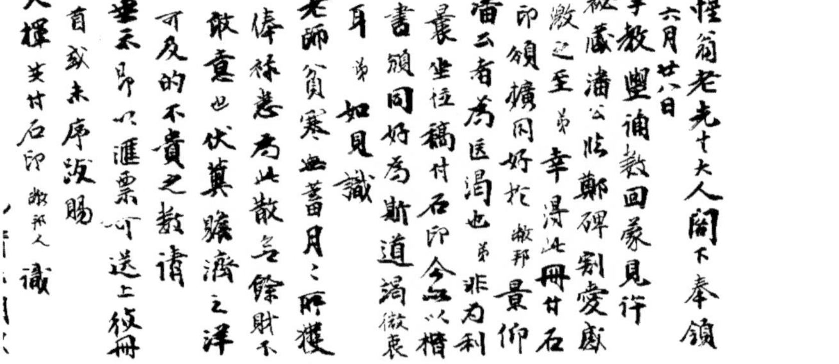

圖4-39：〈山本寫給楊守敬的信〉民國元年（1912年，日大正元年）

民國元年（1912 年，日大正元年）〈山本寫給楊守敬的信〉（圖 4-39）
云：

> 惺翁老先生大人閣下：奉領六月廿八日手教，盥誦數回，蒙見許祕
> 藏潘公臨鄭碑割愛，感激之至。弟幸得此冊，付石印，頒擴同好於
> 敝邦景仰潘公者，爲医渴也。弟非爲利，曩坐位稿付石印，今無以
> 楷書頒同好，爲斯道竭微衷耳。弟如見識老師貧寒無蓄，月月所獲
> 俸祿，悉爲此散無餘財。不敢意也，伏冀瞻濟之洋可及的不貴之數，
> 請垂示，即以匯票可送上。彼冊首或未序跋，賜大揮，共付石印。
> 敝邦人識……

這份信件中，山本竟山非常的感激楊守敬能割愛潘公臨鄭碑。也可看出楊守
敬對於山本竟山的師徒之情。

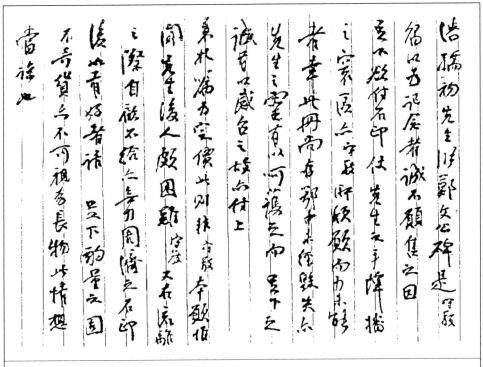

圖 4-40：〈楊守敬寫給山本的信〉日期不詳

〈楊守敬寫給山本的信〉日期不詳（圖 4-40），云：

> 孺初先生臨鄭文公碑，是守敬留以爲記念者，誠不願售之；因足下
> 欲付石印，使先生之手澤播之寰區，亦守敬所欣願而力未能者。幸

此冊尚存鄂中，未經毀失，亦先生之靈有以呵護之，而足下之誠有
以感召之，故亦付上。來札囑爲定價，此則非守敬本願，惟聞先生
後人頗困難，守敬又在流離之際，自顧不給亦無力周濟之，石印後
如有好者，請足下酌量之，固不可奇貨，亦不視爲長物，此情想當
諒也。

楊守敬回信給山本竟山，信中說到，潘孺初先生臨鄭文公下碑，是楊守敬留
以爲記念的，他其實並不願意售出。但因爲逢戰亂的楊守敬在經濟上實爲拮
据，且山本竟山願意付石印，以償散播傳布的宿願，所以楊守敬把珍愛的藏
品轉售給了山本竟山。

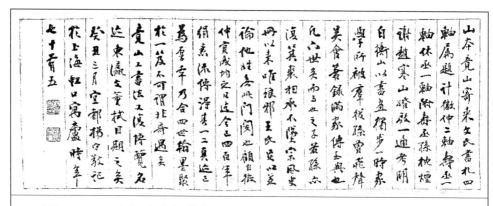

圖4-41：〈文氏書札跋〉民國二年（1913年，日大正二年）

〈文氏書札跋〉（圖4-41）云：

　　山本竟山寄來文氏書札四軸屬題，計徵仲二軸、壽丞一軸、休丞一
　　軸，附壽丞孫枕煙謝趙寒山婚啓一通。考明自衡山以書畫獨步一時，
　　家學所被，羣從孫曾，飛聲吳會，著錄滿家，傳至與也凡六世矣，
　　而與也之子若孫亦復箕裘相承，不墜宗風，史冊以來，唯琅邪王氏
　　足以並論，他姓無此門閥也。顧自徵仲貢成均之日迄今，已四百年，
　　絹素流傳，得其一二眞迹，已爲厚幸，乃合四世翰墨，聚於一笈，
　　不可謂非奇遇矣。竟山工書法，又復博覽名迹，東瀛文董，拭目期
　　之矣，癸丑三月，宜都楊守敬記於上海虹口寓廬，時年七十有五。

　　山本竟山所藏蘭亭序之拓本

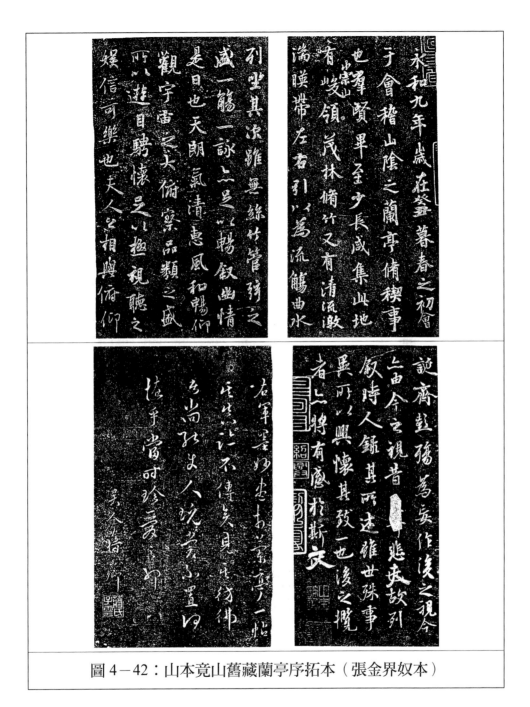

圖4-42：山本竟山舊藏蘭亭序拓本（張金界奴本）

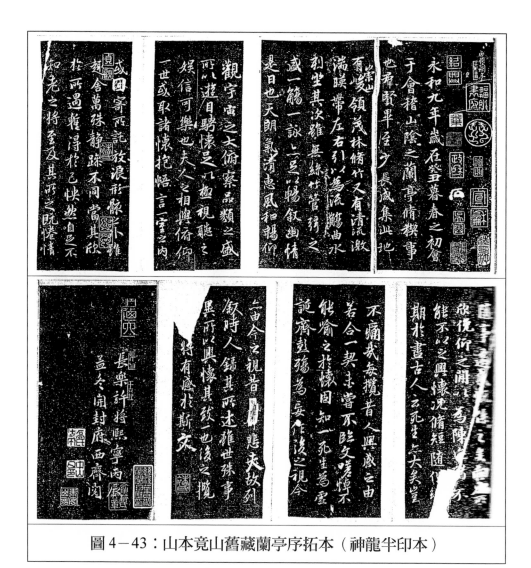

圖4-43：山本竟山舊藏蘭亭序拓本（神龍半印本）

圖4-44：山本竟山舊藏蘭亭序拓本（穎上本）

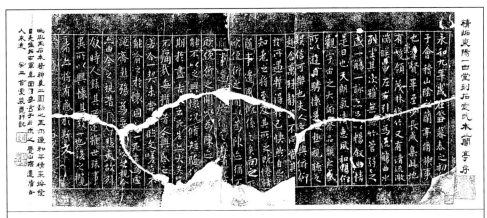

圖4-45：山本竟山舊藏蘭亭序拓本（東陽本）

圖4-46：山本竟山舊藏蘭亭序拓本（過雲樓藏帖）

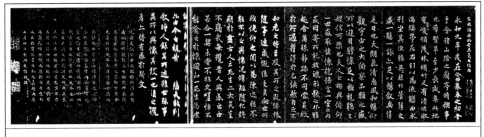

圖4-47：山本竟山舊藏蘭亭序拓本（米芾臨本）

第五章　現代日本篆刻的發展起源

第一節　河井荃廬與中國書篆界的交流

　　談到近代中日篆刻交流，不得不提到的就是日本篆刻家河井荃廬（1871～1945），在中國西泠印社創社之初，河井仙郎就已是西泠印社的海外社員，他與吳昌碩之間的書信交流，以及他屢次到中國學習等，對於日本篆刻界有深遠的影響，這些都是值得探討的。

　　河井荃廬，京都人，為刻字師河井仙右衛門的長男，幼名德松，二十二歲時，明治二十六年（1893 年，清光緒十九年）改名先郎。幼年時拜神山鳳陽為師，畢業後與林雙橋學習詩文，且和鳩居堂的熊谷直之為同窗。十八歲時，明治二十二年（1889 年，清光緒十五年）師篠田芥津，開始了篆刻的學習之路。在他的二十歲左右時，明治二十四年（1891 年，清光緒十七年）的邊款，可以看見他刻有川井德的落款，以及字子得。號初為荃樓、荃廔，此時大約是二十六歲，明治三十年（1897 年，光緒二十三年）左右時的號，在他三十歲，明治三十四年（1901 年，清光緒二十七年）第一次到中國時，改號為荃廬，別號分別為默仙、木仙，二十七歲，明治三十一年（1898 年，光緒二十四年）時為伯漁，二十八歲，明治三十二年（1899 年，清光緒二十五年）時為知幻道人，二十九歲，明治三十三年（1900 年，清光緒二十六年）時為蓀廔、莨生、幻道人，還有學古道人、東都移居後有九節丈人、蒼羊等等。堂號為金荃樓、忘荃樓、忘荃廔、今是草堂、六不刻菴、繼述堂、寶書龕、讀宜室等。

　　二十歲，明治二十四年（1891 年，清光緒十七年）時的印風就已經有中國浙派的風韻，二十五歲，明治二十四年（1891 年，清光緒十七年）時更學習吳昌碩與趙之謙的印風，二十七歲，明治三十一年（1898 年，光緒二十四年）時，因為對吳昌碩的仰慕，於是寫信到中國，且並附上了他自己的印拓（此時吳昌碩五十五歲），在隔年二月，明治三十二年（1899 年，清光緒二十五年）吳昌碩懇切地回覆了他的信且附上印拓，這讓河井荃廬大為感動，當即再次的寫信給吳昌碩，表示希望能夠早日到中國向吳昌碩學習。二十九歲，明治三十三年（1900 年，清光緒二十六年）時父親過世，他繼承了父親的事業，埋頭於篆刻。三十歲，明治三十四年（1901 年，清光緒二十七年）時在文求堂主人田中慶太郎的陪伴下，終於到達中國與在上海的吳昌碩見面，此後每年都到中國交流，直到六十一歲，昭和七年（1932 年，民國二十一年）時在學生西川寧的陪伴下為訪中的最後一次，在這期間河井荃廬也帶回了大量的中國文物，在這到中國交流的期間，為了龐大的費用支出，如果有人向他求印，幾乎都會答應，並且透過中國的羅振玉和汪康年的推薦，他的印也流傳到各地。

　　在他第二次訪中，明治三十五年（1902 年，清光緒二十八年）時，在中國的杭州停留大約三個月，到了許多地方，其中包括阮元﹝註1﹞的祠堂，也和中國葉品三、方根石、王福盦、丁輔之、汪康年、汪洛年、吳隱等人交往，遊覽名勝或摩挲金石，品評印痕，圍爐啜茗，意趣款洽，並不以語言為碍。河井仙郎傳到日本的是真正的篆刻藝術，他也因此成為一代印學的開山巨匠，日本的西川寧、小林斗盦都是蒙蔭於此。

﹝註 1﹞　阮元（1764～1849 年），清朝大臣，經學家。字伯元，號芸台，江蘇儀征人。
　　　　　清朝政治人物經學家。

圖5－1：河井荃廬

　　由〈河井荃廬繼吳昌碩尺牘　草稿〉〔註2〕中可以了解，當時河井荃廬與吳昌碩通信的狀況。

〔註2〕 篆刻美術館：〈河井荃廬寄吳昌碩尺牘　草稿〉，《河井荃廬展》，第4～8頁，平成7年9月23日初版，古河市，篆刻美術館出版。

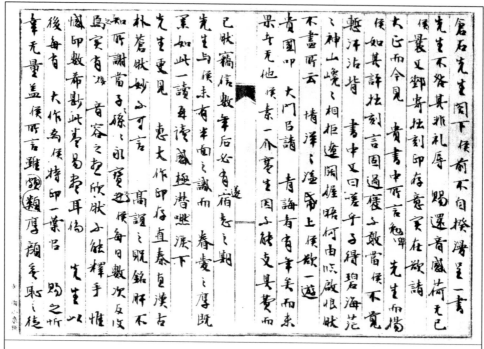

圖5-2：〈河井荃廬繼吳昌碩尺牘　草稿〉第一頁

〈河井荃廬繼吳昌碩尺牘　草稿〉第一頁（圖5-2）云：

1. 倉石先生閣下：僕前不自揆漫呈一書，

2. 先生不咎其非禮，辱賜還音〔註3〕，感荷〔註4〕無已！

3. 僕曩又郵寄拙刻印存，意實在欲請

4. 大正〔註5〕，而今見貴書中所言（勉），卑先生而揚

5. 僕，如其評拙刻，言固過褒不敢當，僕不覺

6. 慙汗沾背。書中又曰：「嗟乎！子得〔註6〕，碧海茫

7. 茫，神山巉巉，相拒〔註7〕遼闊，握晤何由，臨啓恨然，

8. 不盡所云。」情洋洋溢紙上。僕欲一遊

9. 貴國叩大門〔註8〕以請青誨〔註9〕者有年矣，而未

〔註3〕還音：回信。

〔註4〕感荷：感激。

〔註5〕大正：批評改正。

〔註6〕子得：河井荃廬的字。

〔註7〕拒作距。

〔註8〕大門：老師家的門。

10. 果者無他，僕素一介寒生，因不能支其費而

11. 已，然竊信數年后必有遂宿志之期。

12. 先生與僕未有半面之識，而眷愛之厚既

13. 業如此。一讀再讀，感極潛嗁淚下。

14. 先生更見惠大作印存，直秦直漢古

15. 朴蒼然妙不可言，高誼之既〔註10〕銘肝不

16. 知所謝，當子子孫孫永寶焉（之）。僕每日數次反復

17. 之（焉），實有（接）音容之想，欣然不能釋手，惟

18. 憾印數希鮮，此卷易盡耳。倘先生以

19. 後每有大作，爲僕特印一葉以賜之，忻〔註11〕

20. 幸無量，蓋僕所言，雖類頗厚顏無恥之徒，

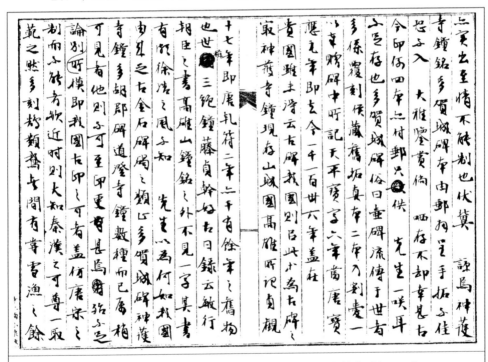

圖 5－3：〈河井荃廬繼吳昌碩尺牘　草稿〉第二頁

〔註 9〕　青誨：青爲清，指卓越的教誨。

〔註10〕　貺：厚禮、恩賜。

〔註11〕　忻：同欣。

〈河井荃廬繼吳昌碩尺牘　草稿〉第二頁（圖5－3）云：

1. 亦實出至情不能制也，伏冀諒焉！神護
2. 寺鐘銘、多賀城碑本由郵拜呈，手拓不佳，
3. 恐不入大雅鑒賞，倘哂〔註12〕存不却幸甚。《古
4. 今印例》四本〔註13〕亦付郵，只供先生一咲〔註14〕耳，
5. 不足存也。多賀城碑俗曰壺碑，流傳于世者
6. 多係覆刻，僕藏舊拓眞本二本，乃割愛一
7. 以奉贈，碑中所記，天平寶字六年當唐寶
8. 應元年，即去今一千一百卅六年，盖在
9. 貴國雖未得云古碑，我國則以此等爲古碑之
10. 最。神護寺鐘現存山城國高雄，所記貞觀
11. 十七年，即唐乾符二年，亦千有餘年之舊物
12. 也，世稱三絕鐘。藤貞幹〔註15〕《好古日錄》〔註16〕云：「敏行
13. 朝臣之書，高雄山鐘銘之外不見一字，其書
14. 有頗徐浩〔註17〕之風。」不知先生以爲何如？我國
15. 由來之古金石碑碣之類，止多賀城碑、神護
16. 寺鐘、多胡郡碑、道澄寺鐘數種而已，屬稍
17. 可見者，他則不可。至印，更甚焉，殆不足
18. 論，所別模，即我國古印之可者，盖仿唐宋之
19. 制而不能者歟！近時則大知秦漢之可尊一取
20. 範之，然多刻鵲類鵝者，間有嘗雪漁〔註18〕之餘

〔註12〕哂：嘲笑。
〔註13〕指《古今印例》。
〔註14〕咲：同笑。
〔註15〕藤貞幹（1732～1797年），姓藤井，通稱叔藏。
〔註16〕《好古日錄》，1779 出版。
〔註17〕徐浩（703～782年），字季海，會稽人。
〔註18〕雪漁：何震（約1530～1604年），明朝著名篆刻家，字主臣、長卿，號雪漁，婺源人（明安徽，今江西）。徽派創始人。他與文彭情同師友，印壇上並稱「文何」。

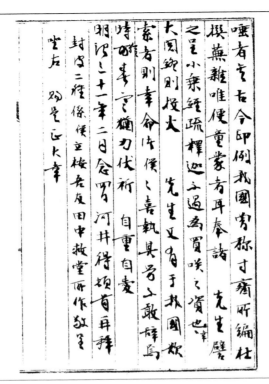

圖5－4：〈河井荃廬繼吳昌碩尺牘　草稿〉第三頁

〈河井荃廬繼吳昌碩尺牘　草稿〉第三頁（圖5－4）云：

1. 哂者矣。《古今印例》我國曾稱寸齋〔註19〕所編，杜

2. 撰蕪雜唯便童蒙者耳，奉諸先生譬

3. 之呈小乘經疏釋迦，不過爲買咲之資也，幸

4. 大閱終則投火。先生又有于我國欲

5. 索者，則幸命諸僕，僕喜執其勞不敢辭焉。

6. 時猶春寒（猶），力伏祈自重自愛。

7. 明治三十一年〔註20〕二月念四日〔註21〕，河井得頓首再拜。

8. 封皮兩種，係僕立按吾友田中救堂〔註22〕所作，敬呈

9. 坐右　賜是正大幸。

〔註19〕　曾爾寸齋：日本的曾爾寸齋（1798～1852 年）。
〔註20〕　明治三十一年：1898 年。
〔註21〕　念四日：二十四日。
〔註22〕　田中救堂（1880～1951 年）：名慶太郎，日本文求堂主人。

〈河井荃廬繼吳昌碩尺牘　草稿〉這信件中表示自己與吳昌碩未曾見面，但吳氏回的信讓河井荃廬非常的感動，信中提到寺鐘銘、多賀城碑因版本不佳故不敢寄給吳氏，手上有《古今印例》四冊，希望寄給吳昌碩博得一笑。此外也談及了日本其他的古物碑帖，如多賀城碑、神護寺鐘、多胡郡碑、道澄寺鐘等。河井荃廬對吳昌碩的印風爲之傾倒，在書信間談及的不是篆刻，更是談及兩國的歷史文物。

在此信後兩年即明治三十三年（1900 年，清光緒二十六年），河井荃廬到了中國，直接向吳昌碩等多爲大家交流學習，相信是吳昌碩在素未謀面時就熱情的回信給河井荃廬，讓他更加堅定要前往中國。也相信是吳昌碩在信中早已發現河井荃廬對篆刻藝術的熱情，及對書法界的深入研究。進而促成這樣重要的交流歷史。

圖 5－5：明治四十二年（1909 年，清宣統元年）吳昌碩與河井仙郎（左一），其子吳藏龕合影。

第二節 中日交流活動

一、河井荃廬在中國的潤例表

下圖爲《中外日報》，清光緒二十六年，1900 年 11 月 17 日由羅振玉、汪康年代訂的〈日本河井先生刻印潤例〉（圖 5－6）河井荃廬與文求堂主人田中慶太郎，第一次赴清，拜師吳昌碩，并由羅振玉、汪康年擬訂的潤例表。

日本河井先生刻印潤例.（中外日報 1900 年 11 月 17 日）

日本西京河井仙郎先生，精倉史之學，金石刻畫，直摩秦漢人壁壘。今將登蘇台，泛泉唐，爰以刻印之貲，暫充舟車之費，並與中邦人士廣結墨緣，爲訂潤例，錄之左方：

石印每字銀五角 象牙竹木犀角 每字銀一元二角 晶玉石章 銅每字銀二元五角 潤資先惠 收件交四馬路吉羊箋扇店及新馬路農會報館代收

上虞羅振玉 錢塘汪康年訂

圖 5－6：日本河井先生刻印潤例

《中外日報》，清光緒二十六年，1900 年 11 月 17 日由羅振玉、汪康年代訂的〈日本河井先生刻印潤例〉（圖 5－6）：

> 日本西京河井仙郎先生，精倉史之學，金石刻畫，直摩秦漢人壁壘。今將登蘇台，泛泉唐，爰以刻印之貲，暫充舟車之費，並與中邦人士廣結墨緣，爲訂潤例，錄之左方：石印每字銀五角；象牙竹木犀角，每字銀一元二角；晶石石章，銅每字銀二元二角；晶玉石章，銅每字銀元二元五角。潤資先惠，收件交四馬路吉羊箋扇店及新馬路農會報館代收。上虞羅振玉、錢塘汪康年訂。

從這件日本河井先生刻印潤例表（圖 5－6）中，可以看見中國羅振玉、汪康年對河井荃廬篆刻的欣賞，透過這件潤例表的資料可以想見，當時河井荃廬在中國占有重要的地位。

二、〈訪中日記〉

　　河井荃廬曾撰有〈訪中日記〉存世〔註 23〕，這篇〈訪中日記〉內容應是
河井荃廬第二回到中國時的日記，時爲明治三十五年（1902 年，清光緒二十
八年），而那次訪問中國杭州的時間直到明治三十六年（1903 年，清光緒二十
九年）二月六日爲止。另由〈荃廬先生的遺墨〉〔註 24〕一篇文章中可更加清
楚的了解此篇日記的書寫背景。

　　在這個時期河井仙郎基於吳昌碩的介紹，與印社友人葉銘、王禔、丁仁、
吳隱等共同切磋印學，自然而然的成爲西泠印社的社員。在這段時期，河井
仙郎並爲西泠印社撰寫了第一篇〈西泠印社記〉。

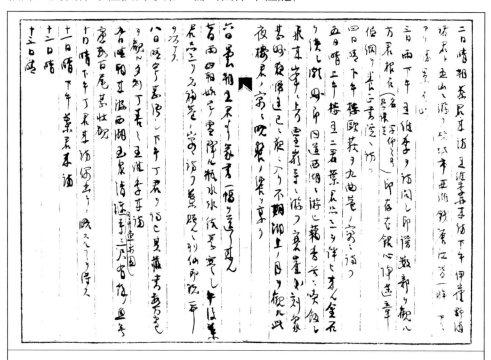

圖 5－7：〈河井荃廬訪中日記〉第一頁

　　河井荃廬的〈訪中日記〉第一頁（圖 5－7）云：

　　　　二日，晴。朝，蔡君來訪，王維季亦來訪。下午，伊藤、野浦諸君

〔註 23〕 西川寧解說：〈訪中日記〉，《河井荃廬的篆刻》，第 8～21 頁，1978 年 5
　　　　 月 15 日初版，東京，株式會社二玄社。
〔註 24〕 小林庸浩：〈荃廬先生的遺墨〉，《河井荃廬的篆刻》，第 66～67 頁，1978
　　　　 年 5 月 15 日初版，東京，株式會社二玄社。

卜五山二遊フ。杭城市，西湖，錢唐江皆一眸の下二アリ，勝景尤
妙。三日，雨。下午，王維季ヲ訪問シ，印譜數部ヲ觀ル。方君根
石（名，字仰之，號學讓生）印存尤銘心。歸途，章伯綱ヲ養正書
院二訪フ。

四日，晴。下午，樓歐荻ヲ九曲巷ノ寓二訪フ。

五日，晴。上午，樓、王二君，葉君品三ヲ伴ヒ来ル，金石ヲ談シ，
頗妙。即同道西湖二游ヒ，藕香居二喫飯シ，飛來峯二上リ，靈巖
寺二游フ，磨崖ノ刻象甚妙。歸途巳二夜二入リ，不期湖上ノ月ヲ
觀ル。此夜樓君ノ寓二晩餐ノ饗ヲ享ク。

六日，曇。朝，王君ヨリ篆書一幅ヲ送リ来ル。

七日，雨。朝，始メテ雪降ル，瓶水冰結甚寒シ。午後，葉君品三
ヲ元福巷ノ寓二訪フ。葉贈ルニ列仙印玩一本ヲ以テス。

八日，晴，寒甚強シ。下午，丁君ヲ訪ヒ，其藏書數萬卷ヲ觀ル。
夕刻，丁善之、王維季來訪。

九日，晴。朝，來遊西湖，玉泉、清漣寺，寺中魚樂園二一尺有餘
ノ魚無慮數百尾，甚壯觀。

十日，晴。下午，丁君來訪，偶出テ晤スルコトヲ得ス。

十一日，晴。下午，葉君來訪。

十二日，晴。十三日，晴。

〈訪中日記〉第一頁談到朋友來訪，一同到西湖遊玩，並一同閱覽印譜、訪
問書院，在與好友一同遊玩並觀賞萬卷藏書的同時，我們可看出他在中國受
歡迎的程度和收穫。

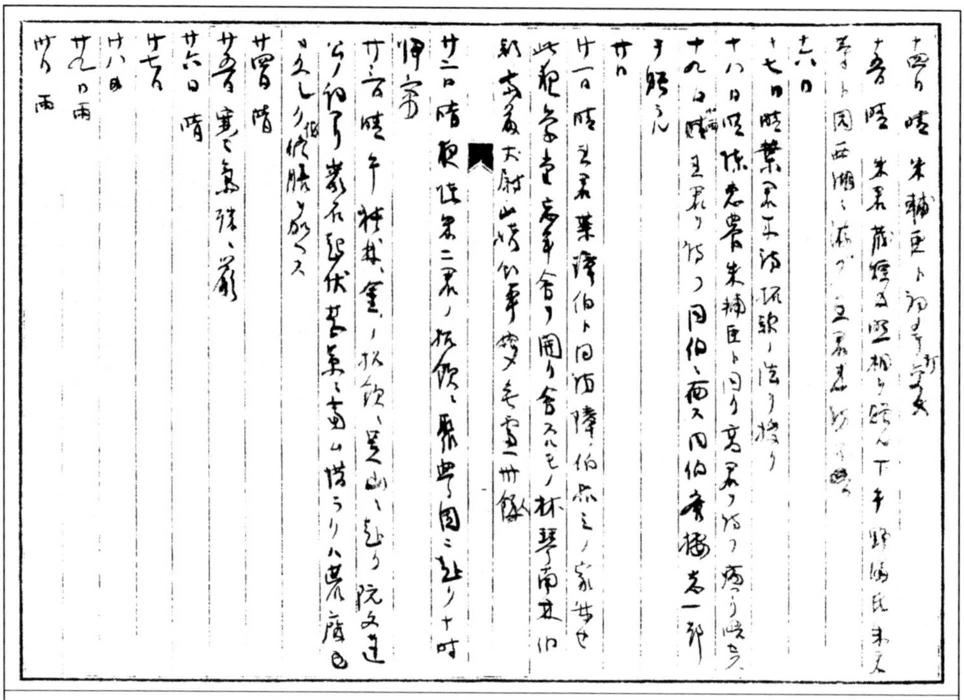

圖5－8：〈河井荃廬訪中日記〉第二頁

河井荃廬的〈訪中日記〉第二頁（圖5－8）云：

十四日，晴。朱輔臣ト初メテ訂交ス。

十五日，晴。朱君藏煙及照相ヲ贈ル。下午，野浦氏、朱君等ト同
西湖二游ブ。王君來訪，不晤。

十六日。

十七日，晴。葉君來訪，拓款ノ法ヲ授ク。

十八日，晴。陳惠農、朱輔臣ト同ク高君ヲ訪フ，病アリ晤セズ。

十九日，小雨。王君ヲ訪フ。同伯二面ス。同伯，唐樓志一部ヲ贈
ラル。

廿日。

廿一日，晴。王君、葉障伯ト同訪，障伯、品三ノ家叔也。此夜，
學堂忘年會ヲ開ク，會スルモノ林琴南、林伯穎、齋藤大尉，山崎
領事始メ無慮卅人。

廿二日，晴。夜，陳、朱二君ノ招飲二，聚豐園二赴ク。十時歸寓。

廿三日，晴。午，褚、林、金ノ招飲二，吳山二赴ク。阮文達公ノ
祠アリ，巖石起伏甚，景二富ム，惜ラクハ荒廢日復修膳ヲ加ヘス。

廿四日，晴。

廿五日，寒氣殊二巖。

廿六日，晴。

廿七日。

廿八日。

廿九日，雨。

卅日，雨。

〈訪中日記〉第二頁談到好友葉銘教受印拓的方法，且繼續與多位中國友人
見面。

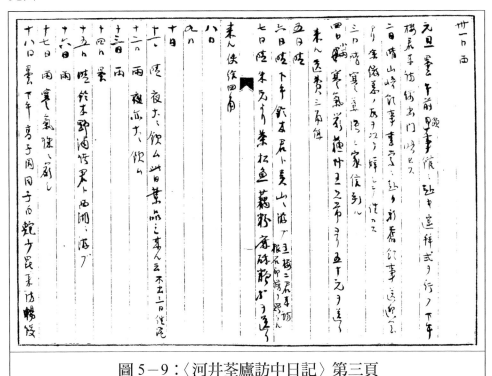

圖 5－9：〈河井荃廬訪中日記〉第三頁

河井荃廬的〈訪中日記〉第三頁（圖 5－9））云：

卅一日，雨。

元旦，曇。午前，領事館二赴キ，遙拜式ヲ行フ。下午，樓君來訪，偶出門晤セス。

二日，晴。山崎領事重慶二赴ク，新舊領事送迎會アリ，余微恙ノ故ヲ以テ，辭シテ往カス。

三日，晴，寒氣強シ。家信到ル。

四日，小雨，寒氣嚴。蘇州王元常ヨリ五十元ヲ送リ来ル，送費三角餘。

五日，晴。

六日，晴。下午，鈴木君卜吳山二游ブ。王、樓二君來訪，根石印譜ヲ贈ラル。

七日，晴。朱兄ヨリ茶、松魚、藕粉、麻酥糖等ヲ送リ来ル，給四角。

八日。

九日。

十日。十一日。晴。夜，二飲ム。此日葉品三来ル，云，出三日往滬。十二日，雨。夜，亦大二飲ム。

十三日，雨。

十四日，曇。

十五日，晴。鈴木、浦諸君卜西湖二游ブ。

十六日，雨。

十七日，雨。寒氣二嚴シ。

十八日，曇。下午，高子周、同子白、鮑少昆來訪，暢談。

〈訪中日記〉第三頁談到他赴領事館參加送舊迎新會，並繼續與好友見面、同遊。

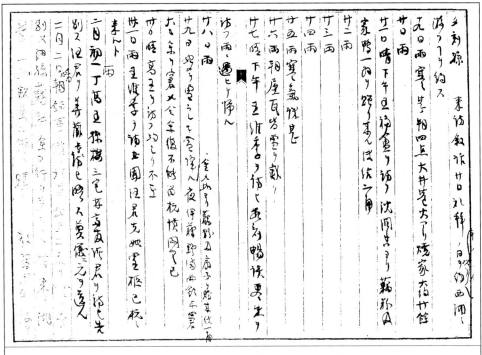

圖5－10：〈河井荃廬訪中日記〉第四頁

河井荃廬的〈訪中日記〉第四頁（圖5－10）云：

夕刻，孫□□來訪敘話。廿日礼拝ノ日ヲ以テ，褚、金二君ト西湖
二游フコトヲ約ス。

十九日，雨。寒甚。朝四點，大井巷火アリ，燒家大約廿餘。

廿日，雨。廿一日，晴。下午，王福盫ヲ訪フ。沈潤香ヨリ藕粉及
家鴨一羽ヲ贈リ來ル，使給二角。

廿二，雨。

廿三，雨。

廿四，雨。

廿五，雨。寒氣殊甚。

廿六，雨朝。屋瓦皆雪ヲ載ク。

廿七，晴。下午，王維季ヲ訪ヒ，數刻暢談，更二朱ヲ訪フ，雨二
遇ヒテ歸ル。

廿八日，雨。

廿九日，始メテ雪ラシキ雪降ル。金九如ヨリ藕粉及扇子ヲ贈來，使一角。夜，伊藤、野浦、兩鈴木四君大二余ヲ窘メ，令余復不能留杭，憤悶無已。

卅日，晴。高、王ヲ訪フ，均シク不在。

卅一日，雨。王維季ヲ訪ヒ，聞汪君先妣靈柩已杭二來ルト。

二月初一，雨。丁、高、王、孫、樓、三宅、林、齋藤諸君ヲ訪ヒ告別ス。汪君ヲ華藏寺二訪ヒ晤ス，奠儀二元ヲ送ル。

二月二日，晴。朝，領事館二杉本，邨上二君ヲ訪ヒ告別ス。孫藕耕余カ行ヲ送ラルトテ特二來リ，湖筆一函、銘茶二罐ヲ贐セラル。教習等午飯ヲ受ラル。

〈訪中日記〉第四頁談及火災與天氣上的變化，並說到好友贈送的美食。

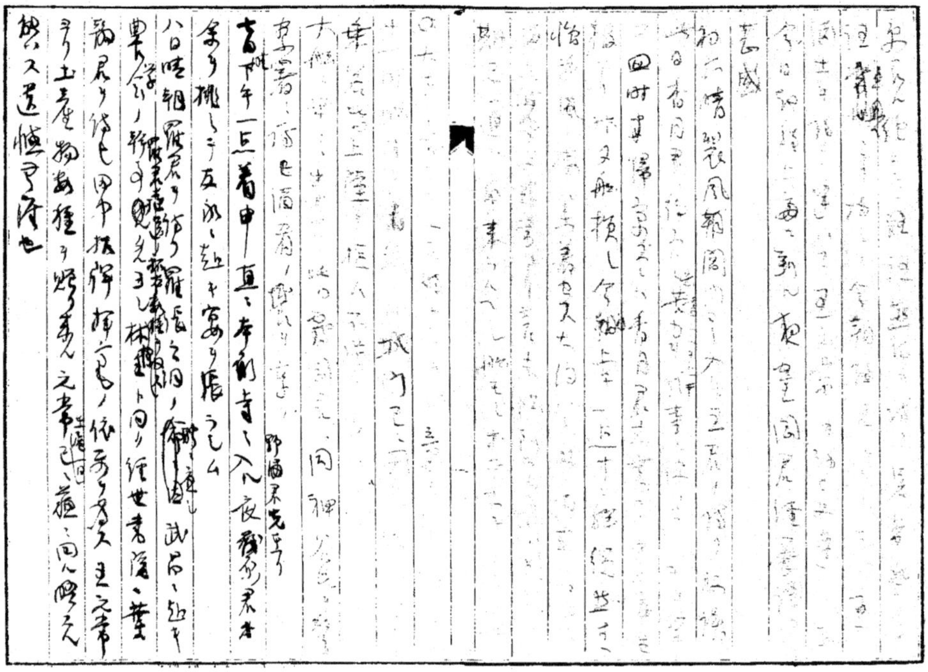

圖 5－11：〈河井荃廬訪中日記〉第五頁

河井荃廬的〈訪中日記〉第五頁（圖 5－11）云：

續キテ汪燕卿ヲ訪フ。吳，常熟ヨリ，汪，宜興ヨリ，均シク今朝

帰来レリト云フ。王淵士ヲ訪ヒ逢ハス，王元常ヲ訪ヒ又逢ハス，
云今日起程上海二到ル。夜，崔岡君經歷譚アリ，甚感。

初六，晴，裂風，朝，閣門ヨリ入リ。王君ヲ訪フ。敍談。此日，
香月君二約スルニ，出発スルヲ以テ，苦力ヲ領事ニ使ハスノ事ヲ
以テス。四時，來帰寓スレハ香月君来書アリ，云上海電報アリ，
昨夕船損シ，今日上午一点方二解纜，然生憎逆風ニ接シ未着セス，
大約八九時ノ頃来ルベシト。夜九時半，又來書アリ，言未船到ラ
スト雖，關門ノ期已ニ迫ル，即来ラルヘス。船モシ出テスンバ，
今夜大東ニ宿セラ

ルモ妨ナシト，即意ヲ決シ往ク。十一時，船方ニ着，然レドモ城
門已ニ閉スノ故ヲ以テ，乘客接上陸ヲ拒ム。不得已支那チャンク
ノ大船ニ乘し出発ス。此日，鶴岡君ト同，神谷氏ヲ警察署ニ訪ヒ，
酒肴ノ饗ヲ享ク。

七日，晴。下午一点着中，直ニ本願寺ニ入ル。野浦君先在リ。夜，
蔵原君余ヲ挑ミテ友永ニ赴キ，宴ヲ張ラシム。

八日，晴。朝，羅君ヲ訪フ，羅，張之洞ノ聘ニ応シ，武昌ニ赴キ，
農学會ノ幹事タルヨシ。羅君遠送ノ拓本數種ヲ收ス。林有壬ト同
ク経世書院二葉翰君ヲ訪ヒ，田中招牌揮毫ノ依属ヲ爲ス。王元常
ヨリ土産物數種ヲ贈リ来ル。元常在滬一日，已ニ蘇ニ回ル，晤ス
ル能ハス，遺憾無涯也。

〈訪中日記〉第五頁談及朋友們來往各地的狀況，並談到訪問羅振玉，此時
的羅振玉正值第一次訪問日本期間。在多種收穫下，他認爲自己此趟的訪中
之旅無憾。

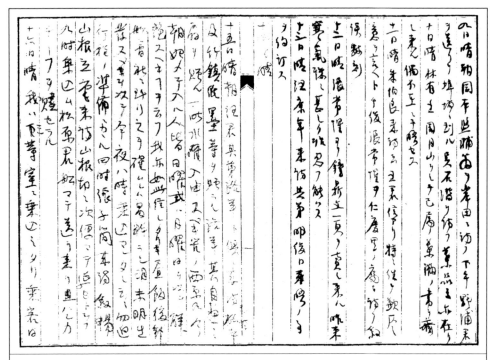

圖 5-12：〈河井荃廬訪中日記〉第六頁

河井荃廬的〈訪中日記〉第六頁（圖 5-12）云：

九日，晴。朝，岡本監輔翁ヲ岸田二訪フ。下午，野浦君ヲ送リテ
埠頭二到ル。吳石潛ヲ訪フ，葉品三亦在リ。

十日，晴。林有壬、周月山ヲシテ已屬ノ葉澣ノ書ヲ齎シ来ル，偶
不在二テ晤セス。

十一日，晴。朱伯良來訪，云王君信アリ，特二往テ歡反之意ヲ言
ヘト。午後，張常惺ヲ仁慶里ノ寓二訪フ，敘談數刻。

十二日，晴。張常惺ヨリ鐘鼎文一頁ヲ齎シ来ル。昨来寒気殊二甚
シク，殆忍フ能ハス。

十三日，晴。汪康年来訪，其弟明後日来晤ノ事ヲ約訂ス。

十四日，晴。

十五日，晴。朝，汪君、其弟洛年ト俱二来訪，新得拓本及竹鎮、
紙、墨等ヲ贈ラフ，洛年其自画ノ扇ヲ贈ル。一昨水躍入申スベキ
筈ノ西京丸今朝始メテ入ル，人皆日曜或八月曜日ヲ以テ解纜スベ

キコトヲ云フ，我亦如此信シタリキ。昼飯後，郵船会社ニ到リ，
之ヲ確ムレハ，曷料ラン，明未明出発スベキヲ以テ，今夜八時乗
込マレタシ云云，勿迫行程ノ準備ニカノル。四時，張子簡來訪敍
暢。山根立盦來訪。山根切二次便マテ延セト云フ。九時乗込ム，
松原君船マテ送リ

來リ，且ハんカチーフヲ贐セラル。十六日，晴。我ハ三等室ニ乗
込ミタリ。乗客日

〈訪中日記〉第六頁談到爲朋友送行，及與張常惺討論印學。其後又陸續有
汪康年等有人來訪，贈與他一些文房墨具。此時的河井荃廬即將返國，相信
大家都正把握最後的相處時間，畢竟在當時的交通運輸上，不如現在方便，
故一趟旅程實不易。

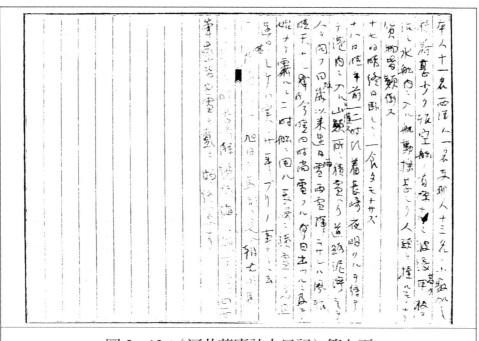

圖5－13：〈河井荃廬訪中日記〉第七頁

河井荃廬的〈訪中日記〉第七頁（圖5－13）云：

本人十一名，西洋人一名，支那人十三名ノ小數，加之積荷甚少ク，
殆空船ノ有樣ナルニ，波浪高ク甲板ヲ沾シ水，船内ニ入ル。船動
搖甚シク，人頭ヲ擡ルモノナク，貨物皆顛倒ス。

十七日晴。終日臥シテ，一食タモナサズ。

十八日，晴。午前一二時頃着長崎，夜明クルヲ待チ内ニ入ル。上陸ス。山顚所々積雪アリ，道路泥濘，之ヲ人ニ問フ，曰改歳以来連日雨雪，雨雪降ラサレハ風，殆晴天ナシ，金曉四時尚雪フル，日出ツルニ及テ始メテ霽ルト。二時，船ニ回ル。長崎ニ積雪ヲ見且連日ノシケハ，実ニ廿年ブリノ事ナリト云。

十九日，晴。陰曆元旦。旭日ヲ馬

關ニ着ス。昨長崎解纜後，海上頗平穩，四面峯巒皆白雪ヲ戴キ頗絕

景ナス。

〈訪中日記〉第七葉寫到在返回日本船上的情形，並在十八日到達了日本長崎，日本當時積雪，道路泥濘，但相信此時河井荃廬的心情一定是充滿收穫的喜悅感，同時計畫著下次訪中的旅程。此篇日記，是以美濃紙的格紙所寫成的七張日記，可惜前半段已經遺失，時間為十二月二日已停留在杭州開始，之間經過隔年的二月六日離開杭州到上海，十五日倉皇的與朋友告別離開上海，十九日經過長崎為止。在杭州停留三個月的日記中，原本重點應著重在與吳昌碩會面時的日記，但因前半段遺失，故非常的可惜。而最後回日本前在上海停留約十天，告別第二回的訪中旅程。在這三個月中，河井荃廬到各地的名勝古蹟探訪，包括阮元的祠堂等，文人、金石的地方旅遊，並在杭州與諸多書畫文人交往。最後二月八號在上海時與羅振玉會面，並記羅振玉的住所並不近，同日也到田中慶太郎的住所。

三、〈西泠印社記〉

〈西泠印社記〉先後共有八篇，最早為清光緒三十二年（1906 年，明治三十九年）的日本篆刻家，河井荃廬所撰寫，之後是魯堅明民國元年（1912年，大正元年）、胡宗成民國二年（1913 年，大正二年）、吳昌碩民國三年（1914年，大正三年）、張景星民國三年（1914 年，大正三年），此五篇為最早的印社記。而後徐映璞民國四十七年（1958 年，昭和三十三年）、林乾良民國七十二年（1983 年，昭和五十八年）、沙孟海民國七十七年（1988 年，昭和六十三年）又撰有社記。西泠印社於光緒三十年（1904 年，日明治三十七年）創立。

　　河井荃廬對中國文學的造詣，在此篇〈西泠印社記〉中表露無遺，和中國印人間的交往，更透過此篇文章，可清楚的看見他和西泠印社創社者之間的互動與深入的交往，在日本方面，與吳昌碩關係如此密切，並作西泠印社記的人，實爲河井仙郎一人。他與當時中國篆刻界，頻繁的互動以及交流，有其重要的意義與歷史價值。

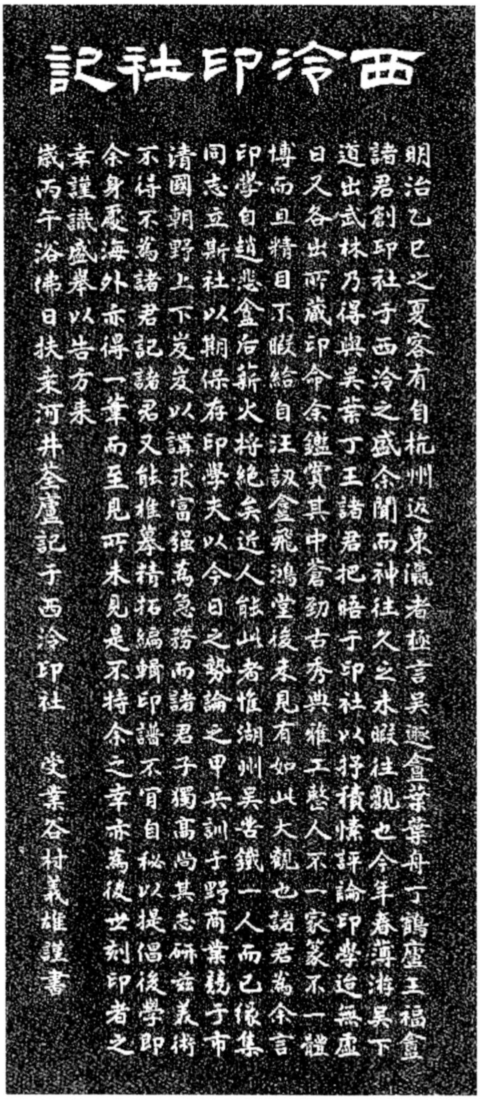

圖 5－14：河井仙郎撰　古村義雄書西泠印社記

〈西泠印社記〉（圖5－14）：

明治乙巳〔註25〕之夏，客有自杭州返東瀛者，極言吳遯盦〔註26〕、
葉葉舟〔註27〕、丁鶴盧〔註28〕、王福盦諸君創印社於西泠之盛，余
聞而神往久之，未暇往觀也。今年春，薄游吳下，道出武林，乃得
與吳葉丁王諸君把晤〔註29〕于印社，以抒積愫〔註30〕。評論印學，
迨無虛日。又各出所藏印，命余鑑賞，其中蒼勁古秀、典雅工整，
人不一家、篆不一體，博而且精，目不暇給。自汪訒盦〔註31〕飛鴻
堂〔註32〕後，未見有如此大觀也。諸君為余言，印學自趙悲盦〔註33〕

〔註25〕　乙巳：明治38年（1905年）
〔註26〕　吳遯盦：吳隱（1866～1922年），浙江紹興人。原名金培，字石潛、石灉、
　　　　　石泉，號潛泉、灉泉、遯盦。齋堂為竹松堂。書工篆、隸，極古樸。善鐫碑
　　　　　版。畫山水秀潤而有新意。善製印泥，為上海印泥廠（上海西泠印社）的生
　　　　　產技術打下了深厚的基礎。篆刻宗法漢印，又參清代乾、嘉後諸家。光緒三
　　　　　十年，與丁仁、王禔、葉為銘在杭州孤山創設西泠印社，又自設分社於上
　　　　　海。存世有《遯盦印話》、《鐵書》、《三代古陶存》、《泉存》、《碑存》。
〔註27〕　葉葉舟：葉為銘（1866～1948年），安徽歙縣人，世居杭州。初名葉銘，字
　　　　　品三，號葉舟。齋堂為鐵華盦。博學多識。善刻石、拓碑。精金石考據。書
　　　　　工篆、隸，得秦、漢人神韻。篆刻宗法秦、漢之餘，追蹤宋、元，鐵線朱文
　　　　　尤靈秀。光緒甲辰年，與丁仁、王禔、吳隱等人在杭州孤山共同創設西泠印
　　　　　社。在編輯印人資料方面卓有成就。存世有《廣印人傳》、《金石家傳略》、
　　　　　《列仙印玩》、《鐵華盦印集》。
〔註28〕　丁鶴盧：丁仁（1879～1949年），浙江杭州人。原名仁、仁友，字子修、輔
　　　　　之，號鶴盧、鶴丁，晚年別署簠叟。齋堂為七十二丁厂。為八千卷樓主丁申
　　　　　從孫。家以藏書聞名海內，藏西泠八家印尤多。書善商卜文字。能畫，梅
　　　　　花、果品均不入時俗。嗜印成癖，摹拓無虛日。治印宗浙派，功力頗深。光
　　　　　緒三十年，與葉為銘、王禔、吳隱創設西泠印社。與弟三在創製方形歐體聚
　　　　　珍仿宋字模，供中華書排印詩文集。存世有《西泠八家印譜》、《杭郡印輯》、
　　　　　《石刻龍泓遺翰》、《袖珍本丁氏秦漢印譜》。
〔註29〕　晤：作相遇。
〔註30〕　愫：作真情。
〔註31〕　汪訒盦：汪啟淑（1728～1800年）清代篆刻鑑別家。字慎儀，號秀峰，，安
　　　　　徽歙縣人。官兵部職方司郎中。酷愛印章，自稱印癖先生。僑寓杭州，家有
　　　　　「開萬樓上藏善本書數千種，搜有周秦至元明印章數萬鈕。與同里丁敬、黃
　　　　　易、金農等極為友善。輯有《飛鴻堂印譜》五集、《漢銅印叢》十二卷等多
　　　　　至二十餘種。另有《續印人傳》八卷、《水曹清暇錄》、《小粉場日記》等。
〔註32〕　飛鴻堂：清汪啟淑以家藏古銅印及當時代百數十家印人篆刻蒐集而成。成書
　　　　　於1776年。全書五集二十冊四十卷。板格墨刷。每集四冊，五集合二十冊，
　　　　　各冊有二卷，每卷二十五頁，每頁錄二印至四印，附註釋文及篆刻者姓名，
　　　　　總錄印數約為三千五百方。每冊均有序。此譜紙料、印色俱精。

后，薪火將絕矣，近人能此者，惟湖州吳苦鐵〔註34〕一人而已；緣集同志立斯社，以期保存印學。夫以今日之勢論之，甲兵訓于野，商業競于市，清國朝野上下岌岌以講求富強爲急務；而諸君子獨高尚其志，研茲美術，不得不爲諸君記。諸君又能椎搨精拓，編輯印譜，不肯自秘，以提倡後學，即余身處海外，亦得一蓻而至，見所未見，是不特余之幸，亦爲後世刻印者之幸。謹識盛舉，以告方來。歲丙午浴佛日，扶桑〔註35〕河井荃廬記于西泠印社。受業谷村義雄謹書。

這篇〈西泠印社記〉爲河井荃廬所寫，在一開始的「乙巳之夏」的地方就有筆誤，據記載爲明治三十九年（1906年，清光緒三十二年），應爲「丙午年」。他說自己是從杭州回到日本的旅客，仰慕吳隱、葉銘、丁仁、王禔所創立的西泠印社已久。一直想去看看，但卻總沒有時間。就在今年即明治三十九年的春天，得以到此處與這些名家共同評論印學。在這次的聚會，大家又各自拿出自己的藏印，得以在此次的旅程中看見中國各家的古印，無論是典雅工整的或蒼勁古秀的風格，皆一覽無遺，目不暇給。自《飛鴻堂印譜》之後他不曾再見到如此豐富且完整的古印。他又在記中表示自己認爲，印學自趙之謙之後已經無後人可以追上，近人中他只認爲吳昌碩一個人而已。

　　有這樣的機會可以聚集同好，創立西泠印社，得以保存篆學，實在是非常好的一件事情。認爲在當今，大家都忙於政治朝野、商業競爭，正值全國

〔註33〕趙悲盦：趙之謙（1829～1884年），會稽（浙江紹興）人。初名鐵三，後名益甫，中年後始名之謙，字撝叔、泠君、憨寮、悲盦、無悶、悲盒、梅盦。齋堂爲二金蜨堂、苦兼室。咸豐己未年舉人，官江西鄱陽、奉新知縣。工詩文。究心六書。善碑帖考證。擅書法，初學顏眞卿，後致力於北魏碑，篆、隸取法鄧石如而自出機杼，書法凝練雄強，迥異時俗。精畫事，花卉、木石受徐渭、陳淳、石濤等人的影響，寬博淳厚，水墨交融，爲清末寫意花卉之開山。篆刻宗法秦漢，並力主「印外求印」。於篆刻理論亦多所暢談，常抒發鐫刻於邊款上。存世有《二金蝶堂印譜》、《悲盦居士詩賸》、《六朝別字記》、《補寰宇訪碑錄》、《勇廬閒話》。

〔註34〕吳苦鐵：吳昌碩（1844～1927年），浙江安吉人，後寓上海。吳派。初名俊、俊卿，字昌碩、倉碩、倉石，晚以字行，號缶廬、缶翁、苦鐵、苦銕、石人子、石敢當、破荷、大聾、老缶、五湖印丐。齋堂爲蕪青亭、飯青蕪室、銕函山館、禪甓軒、石人子室、紅木瓜館。精篆刻，能融皖派、浙派諸家與秦印、漢印精華，蔚爲一代宗師，對後世影響頗深。存世有《缶廬集》。

〔註35〕扶桑：日本的別稱。

上上下下都談論著富國強兵的時代，諸君可以聚集於此談論美學、印學，並且編輯印譜，無私的分享這些珍貴的文物、提倡後學，實為難得可貴之事。在海外的自己可以有機會接觸西泠印社，見到從未想見的大業，認為實在是自己的福氣，也是後世學印之人的福氣。

圖 5－15：河井仙郎撰并書〈西泠印社修禊紀盛〉

河井仙郎撰并書〈西泠印社脩禊紀盛〉（圖 5－15）云：

> 今歲爲晉永和九年後第二十六癸丑，西泠印社舉行蘭亭紀念會。是日天朗氣清，與會者無慮百人，類擅鄭虔三絕之長技。亭中設右軍畫象及永和九年古覽，別具長几，供客染翰，相與貽贈。又各出金

石書籍交換，會中陳列名書古畫多至三四百種，皆藏家精品。而日
本長尾雨山、高瀨惺軒、小栗秋堂、紀成柯庭、岸田雨臣、友永霞
峰，吳縣曹衡史、山陰吳石潛諸君，且自蘭亭修禊而來。金陵哈少
孚則自滬上遙集。就中余杭盛劍南、丹□□□開、何庚生，皆年登
大臺，精神矍鑠，亦與斯會。諸君酒酣□□□，即席題咏，爰爲攝
影全圖，以志一時之盛云。

〈西泠印社脩禊紀盛〉中河井荃廬寫到今年爲晉永和九年後第二十六癸丑，
即大正二年（1913 年，民國二年）四月，記中提到當日的天氣非常的好，與
會者有百人以上，在會上有王羲之的畫像和古甓等。大家在這次的機會中交
換所擁有的金石書籍，會中的古物、名書有三四百種之多，且皆爲藏家的精
品。日本方面更有許多名家皆慕名遠道而來。

　　從這件〈西泠印社脩禊紀盛〉中，可再次見到河井荃廬中國文學的造詣，
也可理解日本人對中國文化的重視，在這樣的交流會中，不僅推動著當時的
書法雅集文化，更爲此歷史寫下輝煌的一頁。對於河井荃廬爲中國藝術崇拜
的熱情，與在文學上的造詣更是非常的佩服。

四、河井荃廬歸國後的貢獻及對中國的思念情懷

　　入西泠印社後的河井荃廬，幾乎每年往返京都與上海之間，也參加了多
次印社雅集的活動，此外他也蒐集了趙之謙的書畫篆刻作品，因又受到日本
財團三井聽冰閣之託，爲購買各種珍稀拓本如宋拓本而盡了大力。

　　河井荃廬於大正七年（1918 年，民國七年）將明沈野著的《印談》〔註36〕
譯成日文出版，大正八年（1919 年，民國八年）與山田正平〔註37〕到中國，
昭和六年（1931 年，民國二十年）後，河井荃廬專注於日本篆刻界的建設，
成立「吉金文會」、「說文會」、「丁末印社」，廣收門徒。同年是他最後一次到
中國，由弟子西川寧陪同。昭和二十年（1945 年，民國三十四年）3 月 10 日
河井仙郎在盟軍空襲東京時罹難，其所居、作品、收藏一併毀滅，所藏一百
二十餘件趙之謙名品亦全燒毀。

　　河井仙郎從 1906 年開始近 30 年間，幾乎每年到訪中國，據日本西川寧
回憶，他有一年是專程爲尋訪趙之謙墓而到杭州的：

〔註36〕　《印談》：印學論著。明沈野著。
〔註37〕　山田正平：（1899～1962 年），日本昭和時代，所代表的篆刻家。

繼述堂先生（河井仙郎）在西湖之西丁家山處尋找趙撝叔墓時，很

仔細地尋遍了每個角落。當時確定的有葉品三（銘）氏隨伴同行。

在荒棘叢中，有指示墓道的石標……當時先生在墓上摘了一株灌木

小枝帶回日本，這種小樹在當地叫「六月雪」。〔註38〕

河井荃廬全力蒐集趙之謙的作品，故也尋訪趙之謙之墓，他對於中國篆人的

傾心，由此點更明白的表現。

五、河井荃廬與日本收藏家三井高堅、中村不折書道博物館

　　日本的中國碑拓舊本來源大致由，明治初年楊守敬來日，帶來的舊拓大

約有一萬二三千冊之多。楊守敬來日本的翌年，日下部鳴鶴即依楊氏藏〈滎

陽鄭氏碑〉出版十冊一帙本，並加了許多序跋。在此同時中林梧竹（1827～

1913 年）、前田默鳳（1853～1918 年）、北方心泉（1850～1905 年）、日下部

鳴鶴（1838～1922 年）、中村不折（1827～1913 年）、河井荃廬（1871～1945

年）等赴中國，也帶回許多相關的古碑拓舊本珍本。除楊守敬藏品和赴華書

家攜回的藏品之外，第三大宗則是辛亥革命時羅振玉亡命日本京都，帶來的

藏品如宋拓、明拓亦有一大批。這批碑拓中的優秀部分，曾由大阪博文堂出

版過。其中羅振玉一批藏品最集中，且大都分送朋友因而留在日本。輾轉流

傳，這數量甚大的古碑拓，最後都被慢慢集中到兩個地方去，一是中村不折

書道博物館，一是三井聽冰閣。

　　中村不折是畫家、文人，粗服破帽，不拘小節，但可以為幾冊宋拓而賣

掉一所房子。其書道博物館藏宋拓、明拓亦多。至於三井家，則是日本屈指

可數的財團。財閥有志於收集古碑拓，這似乎令人不可理解，但在日本卻是

真實的。三井家延請名家河井荃廬為顧問，專事古碑舊拓的鑑定工作，所收

到的名作在中國都已失藏，如明安氏十鼓齋所藏宋拓〈石鼓文〉，在中國現在

並無宋拓〈石鼓文〉，故宮藏的也只是明拓而已。又比如三井聽冰閣藏的臨川

李氏四寶，清末江西李宗瀚自稱天下孤本的〈宋拓啓法寺碑〉、〈宋拓孟法師

碑〉、〈唐拓孔子廟堂碑〉、〈宋拓善才寺碑〉，都是舉世無雙的超一流珍品。

　　明治三十六年（1903 年，清光緒二十九年），河井荃廬因為弟弟河井章石

的關係，因此搬到東京下谷區居住，之後受到三井高堅的邀請，河井荃廬成

〔註38〕西泠印社：〈西泠印社與國際印學交流〉，《西泠印社百年史料長編》，第
　　　　33 頁，2003 年 10 月第一版。

爲高堅的蒐集中國文物的鑑別顧問。而三井高堅（1867〜1945），大正三年爲三井物產社長、九年爲三井銀行社長，他蒐集了許多古印拓本，「聽冰閣」是他的府邸，也是他的書齋名號。高堅的父親擅長書法，當他成爲三井家養子、女婿之後，少時的書法學習記憶一直未能忘懷。他十九歲時曾遊學上海，以後，則與河井荃廬交往並受其影響。明治三十六年，高堅把河井荃廬請來東京，交往更加密切。迄今河井荃廬的印譜中還有許多爲高堅刻的印作。由此可見，三井高堅應該是河井荃廬在藝術上的堅強支持者。利用三井家雄厚的財力，也利用三井家作爲財閥的觸角，三井高堅曾通過三井產物上海支店發出專門的指令，指示上海與三井有關的機構盡力收集中國古拓本，資金由三井財團總部提供，不惜高價購求。由於每件古碑帖購入都依財團的經濟金融規劃，分別標明價格，因此迄今還能看見當時購入費用。試舉數例：

帖 名	購入時間	購入費用
〈石鼓文〉先鋒本	大正十年	四萬兩千圓
〈泰山刻石〉、〈五十三字本〉	大正八年	二萬六千圓
〈孟法師碑〉	大正十三年	三萬四千圓
〈孔子廟堂碑〉		七萬圓

當時的物價，造一所毫宅的府邸，所需不過千圓左右。動則數萬的價格，實在無法想像的高價，若不是三井家這樣一流的財團，恐怕絕無此能力。雄厚的資金是一個優厚的條件，出色的專家如河井荃廬的存在，又是一個條件。此外，當時中國正值政局混亂，軍閥混戰，民不聊生，國家級文物外流並無限制，遂使三井家的收即能進行順利。或許若當時三井高堅不致力於收集這些寶物，在戰火中被毀壞的可能性也是相當大的。

以下爲河井仙郎爲三井高堅所刻的字號、堂號印等〔註39〕。

〔註39〕 松丸東魚：《再續荃廬印譜》，昭和 48 年 4 月發行，東京，株式會社白紅社。

圖 5－16：河井荃廬〈三井高堅印信〉	圖 5－17：河井荃廬〈三井高堅印信〉

圖 5－18：河井荃廬〈三井家聽冰閣鑑藏〉	圖 5－19：河井荃廬〈三井家聽冰閣所藏金石文字〉

　　三井的收藏品現在已寄贈給了財團法人三井文庫。那裡平常舉辦特別活動，對外廣泛地公開展示。當時三井聽冰閣的收集顧問為近代有代表性的篆刻家、對中國書畫碑帖造詣極深的河井荃廬。日下部鳴鶴、山本竟山也從側面進行了收集協助工作。現在在三井文庫裡藏有著名的臨川李氏四寶的其中三寶，即虞世南〈孔子廟堂碑〉、褚遂良〈孟法師碑〉、魏栖悟〈善才寺碑〉，皆為天下孤本，此外還藏有約百數珍品。

　　三井家宋拓本的水準高的驚人，但也經歷了幾多周折。首先，是在戰前由三井文庫保存的各種藏品包括拓本、法帖、印譜類約有五百五十件，其中半數以上在昭和二十五年（1950 年，民國三十九年）由三井家捐往美國加利福尼亞大學伯克利分校，在伯克利分校圖書館設立專門的「聽冰閣文庫「加以保存收藏。而其中一部份古拓本類藏品卻被存留下來，存放於新町本家。當時三井高堅已經去世，執掌此事的是高堅之子三井高遂。據說，留下來的這批古拓本是最精華的部份。在昭和六十一年（1986 年，民國七十五年）公開的藏品中，有九十八件是最精的稀世珍品。此資料有助於今後碑帖研究考查，特將這九十八件藏品如下：

	帖　名	備　考	購買年份
1	石鼓文先鋒本（唐拓）	明安國藏	1921
2	石鼓文先鋒本（宋拓）	明安國藏	1935
3	石鼓文先鋒本（宋拓）	明安國藏	
4	石鼓文安國第三本（宋拓）	明安國藏	
5	石鼓文整本十種（元拓）	清沈寶熙藏	1916
6	泰山刻石 53 字本（宋拓）	明安國藏	1919
7	泰山刻石 29 字本（明拓）	汪柯庭藏	1930
8	泰山刻石 29 字本附〈魯孝王刻石〉	明朱子赤，清吳云、端方藏	1929
9	石門頌	沈仲復藏	1912
10	乙瑛碑（宋拓）	沈仲復藏	
11	乙瑛碑（元拓）	清王瓘藏	
12	禮器碑（宋拓）	沈仲復藏	1912
13	孔宙碑（宋拓）	何紹基、沈仲復藏	1912
14	孔宙碑「高字未泐「（宋拓）	清明義賈、王瓘藏	
15	史晨碑（舊拓）	沈仲復藏	1912
16	西狹頌（舊拓）	沈仲復藏	1912
17	郙閣頌（明拓）	黃易藏	1934
18	楊淮表記（明拓）		
19	尹宙碑（明拓）		
20	曹全碑（明拓）		
21	張遷碑（舊拓）	清沈仲復藏	1912
22	天發神讖碑（明拓）	李慎伯藏	1915
23	天發神讖碑（明拓）	沈仲復藏	1912
24	天發神讖碑「垂字未泐」（明拓）	清趙魏、王瓘藏	1912
25	蘭亭序開皇本（宋拓）	王文治藏	1926
26	蘭亭序吳平齋本（宋拓）	清吳雲舊藏	
27	蘭亭序高江村本（宋拓）	高江村藏	

	帖　　名	備　考	購買年份
28	蘭亭序穎井本（宋拓）		
29	小楷四種合冊	朱彝尊舊藏	
30	黃庭經秘閣續帖卷五（宋拓）	方鼎錄藏	
31	集字經教序項墨林本（五代拓）	項元汴、劉鶚藏	1931
32	集字經教序松烟拓本（宋拓）	明王鏞藏	1929
33	集字經教序劉建之本（宋拓）	劉建之藏	
34	集字經教序李春湖本（宋拓）	李宗瀚藏	1916
35	集字經教序徐呬沈本（宋拓）	徐呬沈藏	1929
36	集字經教序邵松年本（宋拓）	清邵松年蘭雪齋藏	1928
37	集字經教序華沇本（宋拓）	華沇舊藏	1916
38	集字經教序官拓本（宋拓）		1915
39	集字經教序內庫本（宋拓）	明王鋒、清劉鶚藏	
40	集字經教序朱彝本（宋拓）	朱彝尊藏	
41	集字經教序不全本（宋拓）		1916
42	集字經教序王澍本（宋拓）		
43	集字經教序不全本（宋拓）	羅振玉藏	1911
44	興福寺斷碑	貫名菘翁、日下部鳴鶴藏	
45	張猛龍碑（明拓）	孫承澤藏	1917
46	張猛龍碑（明拓）	清王瓘藏	1912
47	馬鳴寺根法寺碑		
48	修太公呂望祠碑（宋拓）	秦絅孫藏	
49	龍藏寺碑（明拓）	清沈寶熙藏	
50	美人董氏墓誌銘	徐渭仁、羅振玉藏	
51	陳叔毅修孔子廟碑	項沅汴藏	
52	元公夫婦墓誌銘（初拓）	清何紹基藏	
53	智永千字文關中本（宋拓）		
54	孔子廟唐碑（唐拓孤本）	安儀周、李宗瀚藏	

	帖　　名	備　考	購買年份
55	孔子廟唐碑陝西本（宋拓）	沈寶熙藏	1929
56	孔子廟唐碑城武本（明拓）	清朱彝藏	
57	化度寺碑慶歷本（宋拓）	趙孟頫、成親王、吳榮光藏	
58	九成宮天下第一本（宋拓）	清顧文彬藏	1934
59	九成宮海內第一本（宋拓）	鄧文原、伍瞍庵、端方藏	1936
60	九成宮官拓本（宋拓）	清李鴻裔、董秉恒、朱國祚、羅原覺藏	1929
61	九成宮明內庫本（宋拓）	明董其昌藏	1917
62	九成宮李春湖本	李宗瀚藏	
63	九成宮小記室本（宋拓）	小記室舊藏	1911
64	九成宮王懿榮本	王懿榮藏	1912
65	溫彥博碑（明拓）	王懿榮、趙聲伯藏	1910
66	唐人眞書六種（宋拓）	清端方藏	
67	伊闕佛龕碑（宋拓）	謝淞洲、孫原湘藏	
68	孟法師碑（唐拓孤本）	李宗瀚藏	1924
69	陸讓碑（宋拓）	孔古園玉虹樓藏	1917
70	孔穎達碑海內第一本（宋拓）	元張子昭、李宗瀚藏	1918
71	諺塔聖教序（明拓）	清趙聲伯藏	
72	崔安上碑（宋拓）	何紹基、吳榮光藏	1918
73	聖教序（明拓）		
74	李靖碑（明拓）	清李鴻裔藏	1916
75	道因法師碑明庫裝內府本（宋拓）	清孫文霱、王懿榮藏	1913
76	王宏范碑明內庫本（宋拓）	孫承澤、費念慈、沈均初藏	1928
77	書譜太清樓本（宋拓）	明文徵明、歸川藏	1927
78	祝琳碑（宋拓孤本）	賈似道、元翰林國史院、清李宗瀚藏	1912

	帖　　　名	備　　考	購買年份
79	華岳精享昭應碑（明拓）	朱彝尊、沈均初藏	
80	善才寺碑（宋拓孤本）	李宗瀚藏	
81	道安禪師碑（宋拓）	小雁宕館藏	
82	高文佛道碑（明拓孤本）	明李日華藏	
83	李思訓碑（宋拓）	黎二樵藏	
84	李思訓碑項墨林本（宋拓）	項沅汗、周千秋藏	1925
85	隆闡法師碑（明拓）	少筠藏	
86	靈運禪師碑（明拓）	崇恩（玉蝶）藏	1932
87	東方朔畫贊（宋拓）	清陳介祺藏	1918
88	東方朔畫贊（宋拓）	貫名菘翁藏	1901
89	爭座位稿（宋拓）	清孔廣陶藏	1924
90	爭座位稿（宋拓）	清姚氏邃雅堂、端方藏	1921
91	茅山李玄靜碑（宋拓）	何紹基藏	1918
92	段行琛碑（宋拓孤本）	王懿榮、羅振玉藏	1931
93	李廣業碑（宋拓孤本）	倪雲林藏	1928
94	柳州羅池廟碑（宋拓孤本）	何紹基藏	1921
95	玄秘塔碑明內庫本（宋拓）	孔廣陶藏	1929
96	圭峰禪師碑（宋拓）	李文正、羅原覺藏	1927
97	淳化閣帖肅府本（明拓）	清孔廣陶藏	
98	汝帖（宋拓）	李宗瀚、羅振玉藏	

　　九十八種秘藏大致例如上，其收藏來歷也一一標出，特別是最後一欄「購買年份「，即是甚麼時候買入的，也許會對近代書法史的學者有特別價值。因爲這正是一個中國古碑帖流失域外的時間表。如從表中即可看出，清代沈仲復藏古碑拓珍本，大約是在明治四十五年（1912 年，民國元年）即辛亥革命後一年，被三井家全部買走。李宗瀚藏品則不是一次全部賣出，而是陸續售出。凡此種種，都是近代中國古拓文物海外流傳史中不可不知的掌故。但關於其間買賣的詳細情況，則三井家都有備忘錄和檔案，只是秘不示人，難睹真容而已。若有機會進入庫房作深入調查，相信一定會有更多新發現。

六、松丸東魚編《缶廬扶桑印集》、《續缶廬扶桑印集》記事

《缶廬扶桑印集》〔註 40〕和《續缶廬扶桑印集》〔註 41〕是日本著名篆刻家松丸東魚〔註 42〕蒐集收藏在日本的吳昌碩刻印而自己手鈐編成的兩部印譜。《缶廬扶桑印集》一帖四本收有一百零九方印、《續缶廬扶桑印集》一帖兩本收有三十方。東漁翁爲了贈給同好之士而編成《印集》和《續集》。所以數量不多。據說《印集》和《續集》分別只編了三十本而已。因此，雖然在謙慎書道會編《吳昌碩的全貌》〔註 43〕一書上能看到封面和卷首的照片，但是了解其全面的人，在日本也極少。

《印集》和《續集》收載的吳昌碩印章、可分類爲以下四種：

一、收藏者自己去中國，像吳昌碩直接委託所刻。

二、收藏者通過日本的代理處委託吳昌碩所刻。

三、吳昌碩爲中國人所刻。後被收藏者從日本的市場購入。

四、吳昌碩爲中國人所刻。後被收藏者從中國的市場購入。

五、吳昌碩爲日本人所刻。收藏者於市場購入。

其中最有價值的是第一種。因爲這是收藏者對吳昌碩直接委託所刻，說明收藏者與吳昌碩不但認識且有交往。故而我們能確認吳昌碩與日本人交友的一面。

第二重要的是第二種。可是現在關於這種代理處的事情已經不太清楚了。樂善堂主人岸田吟香，求文堂主人田中慶太郎，晚翠軒主人井上恒一，貿易商友勇霞峰等人可能做過這種代理處的事情。但是現在沒有證據。

第三種及第四種價值較低。但是市場上也有想得到吳昌碩印章的人，這種人肯定是熱衷於吳昌碩篆刻藝術的。我們應該重視這樣的人。

第五種雖然收藏者跟吳昌碩沒有直接的關系，但是我們從此類的印章中，可知當時吳昌碩囑印的日本人之事。

據松丸東魚自寫的《印集》跋，昭和三十九年（1964 年，民國五十三年）八月，於東京白木屋舉行「誕生一百二十年紀念吳昌碩書畫篆刻展」時，搜集了在日本各地的吳昌碩刻印。那時，大家敦促東魚翁把這些吳昌碩刻印鈐而成

〔註40〕 松丸東魚：《缶廬扶桑印集》，1965 年。

〔註41〕 松丸東魚：《續缶廬扶桑印集》，1972 年。

〔註42〕 松丸東魚（1901～1975 年），日本著名篆刻家。

〔註43〕 謙慎書道會：《吳昌碩のすべこ》，1997 年，二玄社出版。

譜以傳久遠。因此，東魚翁率其門人關正人、河野晶苑、北川博邦一起把全部的展出印章鈐拓，而編成《印集》若干部。但是京都富岡家所藏之三印、岡山柚木家所藏之六印，卻不肯示人。又復，西川寧所藏河井荃盧舊藏之十二印因蒙戰火而印石被損壞，所以不能鈐印。因此這二十一方印不能載入。

在這麼多日本人追求吳昌碩印的流行下，就會思考爲甚麼如此眾多的日本人與吳昌碩會面並囑印呢？其理由可能如下：

（一）當時吳昌碩是「海上派」的領袖，馳名內外。且詩、書、畫、印四絕，深爲日本人憧憬。

（二）日本篆刻界已經厭倦徐三庚的刻風，渴望新風。

（三）吳昌碩門人王一亭做過日商買賣，跟日本人的關係很好，因此王一亭向吳昌碩介紹了很多日本人。

（四）中日甲午戰爭結束後，並不影響吳昌碩對日本的情感。晚年常常赴日人白石六三郎所經營的日本式菜館六三園宴飲。而且他自己也想去日本。因此他不討厭日本人的訪問。

（五）河井荃盧，長尾雨山兩個人參加吳昌碩爲社長的西泠印社。特別是河井荃盧歸國後宣傳吳昌碩的刻法。後來河井成爲日本篆刻界的最高權威者。因此河井荃盧的影響極大。其時松丸東魚也是受到河井荃盧影響之一。

在這樣的環境下，許多日本人傾慕吳昌碩和他的刻印，遂在日本釀成了「吳昌碩熱」。

在「吳昌碩熱」持續中，松丸東魚編成《印集》和《續集》，這是首次將日本人所藏吳昌碩篆刻藝術集大成。

第三節　受中國影響的日本篆刻家

在日下部鳴鶴所藏的用印中〔註44〕，包含了許多與中國有所交流的印人。日下部鳴鶴的用印，不只是中國的吳昌碩所刻，包括這些喜愛中國篆刻家的日本印人，或者與中國有所交流的印人，也都刻有日下部鳴鶴的用印。以下介紹相關的日本篆刻家。

〔註44〕黑須雪子：《日本の書　維新——昭和初期》，〈日下部鳴鶴自用印〉，第188～192頁，2008年12月20日初版，東京，二玄社。

一、圓山大迂與秋山白巖

　　圓山大迂（1838～1916），名眞逸，號大迂。於日本名古屋出生，十三歲時在京都投入貫名菘翁的門下，閒暇時學習篆刻。一個偶然的機遇，得中國清人刻印數鈕，知其刻法甚優，於是立志學習篆刻，心追手摹，領悟刀法。明治十一年（1878年）到中國拜見徐三庚（1826年～1890年）〔註45〕、楊峴（1819～1896）等人學習篆刻，又從張子祥學習畫法，遊學數年返回日本，曾一時居住過熊本、伊勢桑名等地，其後移居京都。圓山大迂學成後回國，仍使用吳昌碩的兩刃刀，將日本帶入一個新的印風時代。他的篆刻作品結字、運筆、用刀都有明顯的徐三庚的痕跡，爲日本篆刻界注入了新鮮的血液。其論印篆法的著作有《篆刻思源》，關於印譜、詩集、畫集輯有《學步庵之集》，印譜有《學步庵印蛻》。

圓山大迂在中國的潤例表

　　以下爲圓山大迂到中國時的潤格，從這三件潤格表，可以瞭解 1891、1892、1896 年間圓山大迂在中國的上海活動情形，他的潤格表在 1892 年加入了畫的畫潤表，可見他到中國後學習的不只是篆刻，還學習了中國水墨畫。在文中更可以看見當時他所居住的位址，我認爲是一件寶貴的資料。

〔註45〕徐三庚（1826～1890 年），浙江上虞人，清末著名篆刻家、書法家。字辛穀，又字詵郭，號金罍、井罍，又號袖海，自號金罍道人、似魚室主、餘糧生、山民，別號罍然散人等。書法擅長篆隸，篆刻風格清新秀麗，精通皖浙兩派。其篆刻和篆書風格被譽爲吳帶當風。

鐵筆潤格　（申報 1891 年 7 月 11 日）

　　日本圓山大迁先生，夙耽染翰，書畫俱佳，而於篆刻一門尤爲精絶，其鐫晶玉，盡畫泥沙，使三橋、雪漁復生，當亦望而却步。近慕中華之勝，航海來滬，舊雨相逢，清歡何極。暇爲釐定潤格以佽游資。古人云金石刻畫臣能爲，爲先生者可以當之無愧矣。他日者刊中興之頌，勒紀功之碑，鉅製皇皇，日星同炳，其以此格爲乘韋之先可乎？

石章每字二角　　竹木象牙加半　　水晶每字陽文
一元二角　　陰文八角　　玉加倍　　如刻至十字
以上酌議折扣　　大印碑版另議　　現寓上海河
南路老巡捕房對門樂善堂藥房

辛卯首夏王紫詮　陳喆甫　黃畹華同訂

圖 5－20：鐵筆潤格〔註 46〕

　　根據刊登在《申報》光緒十七年（1891 年，日明治二十四年）7 月 11 日的〈鐵筆潤格〉（圖 5－20）啓事內容如下：

> 日本圓山大迁先生，夙耽染翰，書畫俱佳，而於篆刻一門尤爲精絶，其鐫晶玉，書畫泥沙，使三僑、雪漁復生，當亦望而卻步。近慕中華之勝，航海來滬，舊雨相逢，清歡何極。暇爲釐定潤格以佽遊資。古人云金石刻畫臣能爲，爲先生者可以當之無愧矣。他日者刊中興之頌，勒紀功之碑，鉅製皇皇，日星同炳，其以此格爲乘韋之先可乎？

> 石章每字兩角，竹木象牙加半。水晶每字陽文一元兩角，陰文八角，玉加倍。如刻至十字以上酌議折扣，大印碑版另議。現寓上海河南路老巡捕房對門樂善堂藥房。

> 辛卯首夏，王紫詮、陳喆甫、黃畹華同定。

〔註 46〕 王中秀、茅子良、陳輝：《近現代金石書畫家潤例》，2004 年 7 月第一版，上海畫報出版社。

鐵筆並畫潤　（申報1892年5月8日）

日本元山大迁先生石章每字二角　　竹木牙章加半　　水晶陽文一元二角　　陰文八角　　玉加倍　　畫山水六尺堂幅五元　　五尺三元　　四尺二元　　屏條減半　　紈扇五扇　　畫四君子八折　　寓棋盤街北平和里

王紫詮　陳喆甫　黃夢畹同訂

圖5－21：鐵筆並畫潤〔註47〕

次年，續刊於《申報》光緒十八年（1892年，日明治二十五年）5月8日的〈鐵筆潤格〉（圖5－21）啓事云：

> 日本圓山大迁先生，石章每字二角，竹木牙章加半。水晶陽文一元二角、陰文八角，玉加倍。畫山水六尺堂幅五元、五尺三元、四尺二元。屏條減半。紈扇五扇、畫四君子八折。寓棋盤街北平和里。
>
> 王紫詮、陳喆甫、黃畹華同定。

其篆刻的潤例，仍如前一年所定標準，惟此增列畫潤。

日本圓山大迁先生書畫鐵筆潤御賜賞牌　（申報1896年10月19日）

石牙章每字洋三角　　刻晶陰文每字一元　　陽文一元半　　玉印加倍　　堂幅山水每尺八角　　屏條減半　　紈摺扇五角　　俞曲園訂

寓西棋盤街第五十號

四馬路吉羊樓扇店代啓

圖5－22：日本圓山大迁先生書畫鐵筆禦賜賞牌〔註48〕

〔註47〕 王中秀、茅子良、陳輝：《近現代金石書畫家潤例》，2004年7月第一版，上海畫報出版社。

〔註48〕 王中秀、茅子良、陳輝：《近現代金石書畫家潤例》，2004年7月第一版，上海畫報出版社。

　　再四年，刊於《申報》光緒二十二年（1896 年，日明治二十九年）10 月
19 由俞樾代訂〈日本圓山大迂先生書畫鐵筆潤御賜賞牌〉的〈鐵筆潤格〉（圖
5－22）日啟事云：

　　　　石牙章每字洋三角。刻晶陰文每字一元，陽文一元半，玉印加倍。
　　　　堂幅山水每尺八角，屏條減半。紈摺扇五角。俞曲園訂。

吳昌碩在大正元年（1912 年，民國元年）時，其匾額為二兩，當時每兩為大
洋一元四角。以此往前推測幾年，當時圓山大迂到中國每字石牙章每字洋三
角，已經是不錯的價格。

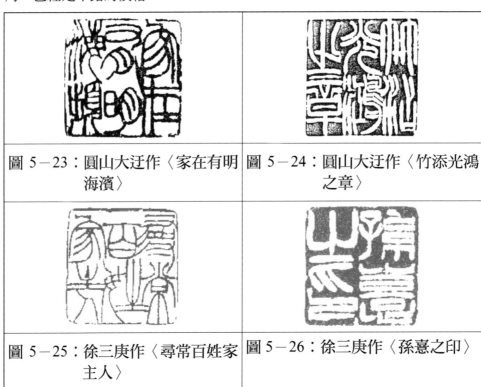

| 圖 5－23：圓山大迂作〈家在有明海濱〉 | 圖 5－24：圓山大迂作〈竹添光鴻之章〉 |
| 圖 5－25：徐三庚作〈尋常百姓家主人〉 | 圖 5－26：徐三庚作〈孫憙之印〉 |

　　以上兩方印章有明顯徐三庚的風韻在裡面。在圓山大迂作〈家在有明海
濱〉與徐三庚作〈尋常百姓家主人〉中的「家」字，可以明顯看出用字的雷
同。細朱文筆劃的轉折圓潤之特色，圓山大迂也學習的頗為相像。於圓山大
迂作〈竹添光鴻之章〉與徐三庚作〈孫憙之印〉這兩方白文印中，可以看出
用筆轉折處，圓山大迂學習徐三庚，每在轉折處都會較為偏細，以及收筆較
為尖銳，起頭較為飽滿的藏鋒用筆。可見圓山大迂欣賞中國徐三庚的篆刻風
味，更將其融入自己的篆刻作品。

| 圖 5－27：鄧石如作〈日日湖山日日春〉 | 圖 5－28：圓山大迂作〈日日湖山日日春〉，邊款：「摹仿完白山人〈日日湖山日日春〉印，爲鳴鶴日下先生雅賞大迂。」 |

在〈日日湖山日日春〉這方印中，可以清楚的看出，圓山大迂受鄧石如〔註49〕的影響，這方印的邊款，說明圓山大迂在用字風格上也可以發覺他對中國印人印風的瞭解。

〔註49〕鄧石如（1743～1805 年）即著名的「完白山人」。鄧原名琰，字頑伯，號完白山人、完白、故浣子、游笈道人、鳳水漁長、龍山樵長，清代集書法家、篆刻家、畫家、文字學家於一生的藝術大師和學者，安徽懷寧（今安徽安慶）人。鄧少時家貧，9 歲時讀過 1 年書，停學後采樵、賣餅餌糊口。後又靠寫字、刻印謀生。曾在江寧大收藏家梅鏐處 8 年，十分勤奮向學。後研習碑拓，苦練隸書等書體，終於成爲有清一代傑出的書法家和篆刻家。乾隆五十六年（1791 年），在兩湖總督畢沅處做了 3 年幕僚。張惠言、包世臣都曾向他學習書法。他在書法篆刻上長期苦心鑽研，使他融會貫通這兩大藝術領域，得到諸多如「求規之所以爲圓，與方之所以爲矩者」等的藝術體悟。由於他的篆刻藝術風格鮮明，獨樹一幟，技法精湛，世稱「鄧派」。他在書法史篆刻史上都是一位承前啓後的大師巨匠。

　　圓山大迂與日下部鳴鶴同年，兩人皆到中國，但圓山大迂早日下部鳴鶴十三年到中國，但是，其作〈東作詩書〉這方印贈與時，日下部鳴鶴還未到中國。〈東作詩書〉是圓山大迂於四十八歲時贈給日下部鳴鶴的印，為圓山大迂到中國後八年所刻，可以清楚的看見，中國漢印對他的影響。

　　以下蒐集圓山大迂的印拓，可見中國的漢印風韻影響其深，也深受到中國印人鄧石如、徐三庚等人對他的影響，無論在設計印面的編排上，或者字形筆畫的結構上，都有濃厚的中國風韻，也看得出他對篆刻藝術所下的功夫。

圖 5－30：明治 19 年（1886 年），49 歲作〈森髥〉。邊款：「丙戌夏八月之吉，于學步盒。應春濤先生雅鑒。大迂。」	圖 5－31：明治 19 年（1886 年），49 歲作〈東作詩書〉。邊款：「丙戌八月之吉，偶作此，持贈日下子暘先生正。大迂陳人。」	圖 5－32：圓山大迂刻〈鳴鶴〉。邊款：「仿漢人切刀法。大迂陳人。」

圖 5－33：圓山大迂刻〈春濤詩畫〉。邊款：「仿秦李氏泰山斷碑法。春濤先生印可否。大迂。」

圖 5－34：圓山大迂刻〈高邕之印〉。

圖 5－35：圓山大迂刻〈邕之〉。

圖 5－36：圓山大迂刻〈遠山無限碧層層〉。

圖 5－37：圓山大迂刻〈一聲雞唱五更月〉。

　　〈遠山無限碧層層〉（圖 5－36）這方印，六字安排得非常緊密，渾然一體，但印家又注重每個字緊其密，擴其疏的變體，使全印六字楚楚而立，每個字瀟灑和長腿，加上線條流動著的質感，又使得全印風流奇媚。是印與徐三庚之印形神皆似，頗得三庚篆刻精髓。圓山大迂還把當時中國印家所用雙刃刻刀這種刀型，介紹到日本。在這以前，日本印家治印一般都用單面有刃的刻刀。

　　徐三庚的篆書、篆刻曾對日本近代書壇產生了很大的影響，這已經是眾所皆知的了。徐三庚的書印技藝首先是圓山大迂介紹到日本。

　　但繼大迂之後赴滬的秋山碧城〔註 50〕成為徐三庚的正式弟子。日本明治十九年（1886 年，清光緒十二年）一月，碧城與原駐日公使何如璋同行離日赴滬，經當時在上海經營「樂善堂」的岸田吟香的介紹，入徐三庚門下為徒。其時曾行拜師立契之儀，師徒合影的紀念照片亦存留至今。

圖 5－237：徐三庚與秋山白巖合影。明治十九年，徐三庚 61 歲，秋山白巖 21 歲。

〔註 50〕秋山碧城（1864～1954 年），名純，字儉為，號探淵，亦號白巖、碧城。

自抵滬至光緒十五年（1889 年，清光緒十五年）踏上歸程的四年中，碧城作爲徐三庚的入室弟子始終受誨於其門下。碧城歸國之際，已染恙臥榻的徐三庚於病中援筆，鄭重的書文憑一卷交付碧城。該內容爲：（圖 5－238）

> 本立而道生。文字之道，獨不然乎。日本儉爲秋山純，自丁亥春，從予肄業，予今既三年矣。專習篆隸六朝、後潛心篆刻。迄無荒謬廢弛等情，已上其堂極其奧。所謂根本先立者，其進有不測者焉。予門非尠，諳練精熟。如儉爲者，蓋不易得。況儉爲異域之人，以身委道，涉海遠來，不勝欣喜。予愛其心志之切，嘉其慧學之熟，立此文憑以與焉。然儉爲猶富春秋，能不安于今日，益期他年聞達，潛精積思，庶幾凌駕古人。是予所企望也。
>
> 光緒十五年十月日。立文憑。徐三庚。
>
> 介紹。岸田吟香。
>
> 學問從知根底在，耽書不負富春秋，漢時隸法六朝楷，筆底眞能一覽收。蒲華題。

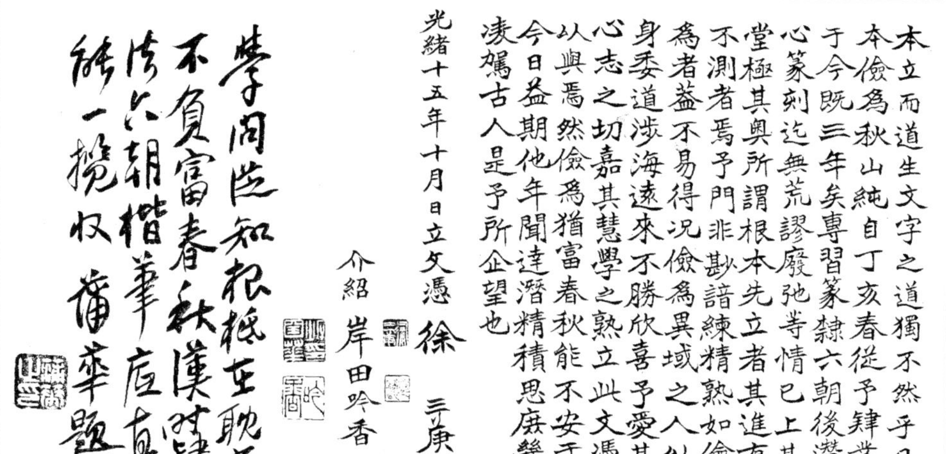
本立而道生文字之道獨不然乎日
本儉爲秋山純自丁亥春從予肄業
于今既三年矣專習篆隸六朝後潛
心篆刻迄無荒謬廢弛等情已上其
堂極其奧所謂根本先立者其進有
不測者焉予門非尠諳練精熟如儉
爲者蓋不易得況儉爲異域之人以
身委道涉海遠來不勝欣喜予愛其
心志之切嘉其慧學之熟立此文憑
以與焉然儉爲猶富春秋能不安于
今日益期他年聞達潛精積思庶幾
凌駕古人是予所企望也
光緒十五年十月日立文憑　徐三庚
介紹　岸田吟香
學問從知根柢在耽書
不負富春秋漢時隸
法六朝楷筆底真
能一攬收蒲華題

圖 5－238：光緒十五年秋山純文憑卷

從碧城歸國時所攜的諸多書法作品中，也能察知其曾是徐三庚所鍾愛的弟子。昭和二十四年（1949 年，民國三十八年）四月，西川寧拜訪了當

時居住在長野縣松本市的八十七歲碧城，並在《書品》第八號〔註51〕敘說此是。據文中所敘，當時碧城曾向西川寧出示了徐三庚的書法作品，其內容如下：

　　（一）楷書蘭亭序一帖，作於光緒十三年（1887年，清光緒十三年）。

　　（二）臨天發神讖碑四屏，作於同年六月。

　　（三）篆書出師表二帖，作於同年秋月。

　　（四）冬心體字冊一帖，作於光緒十四年（1888年，清光緒十四年）春。

　　（五）臨郭林宗碑一帖，作於同年。

　　（六）冬心體五言對聯，作於同年。

　　（七）八分書大字雙鉤本一帖。

　　明治二十三年（1890年，光緒十六年）一月，秋山白巖攜徐三庚及蒲華的諸多書作並碑版法帖等回到了日本。其時的他胸懷勃勃大志，即在日本將中國蓬勃興起的書法藝術和新思潮進行廣泛的傳播。他首先在東京京橋區創立了東京弘學院，繼而又因痛感在京書人結社之必要性，在岸田吟香的幫助下，與圓山大迁一起爲書道團體「淡泊會」的結成而奔走努力。在東京生活六年之後，碧城又致力於書法藝術在全國範圍內的普及，歷遊關東周遭乃至中部、關西、中國、等地區，爲這項普及活動嘔心瀝血，最後在長野縣松本市度過晚年。

　　歸國後的碧城首先是在東京展開他的傳播活動，這對於西川春洞〔註52〕而言，是甚爲幸運的事。尤其是因爲碧城將從中國攜來的法書對同道者開放無遺，使得西川春洞很快就從碧城取得徐三庚《出師表》及《臨郭林宗碑》之雙鉤摹本。

〔註51〕魚住和晃：〈關於首代中村蘭台篆刻中的徐三庚的影響〉，《印學論談》，第376頁，1993年10月，浙江省新華書店發行。

〔註52〕西川春洞（1847～1915年），名元讓，字子謙，號春洞。

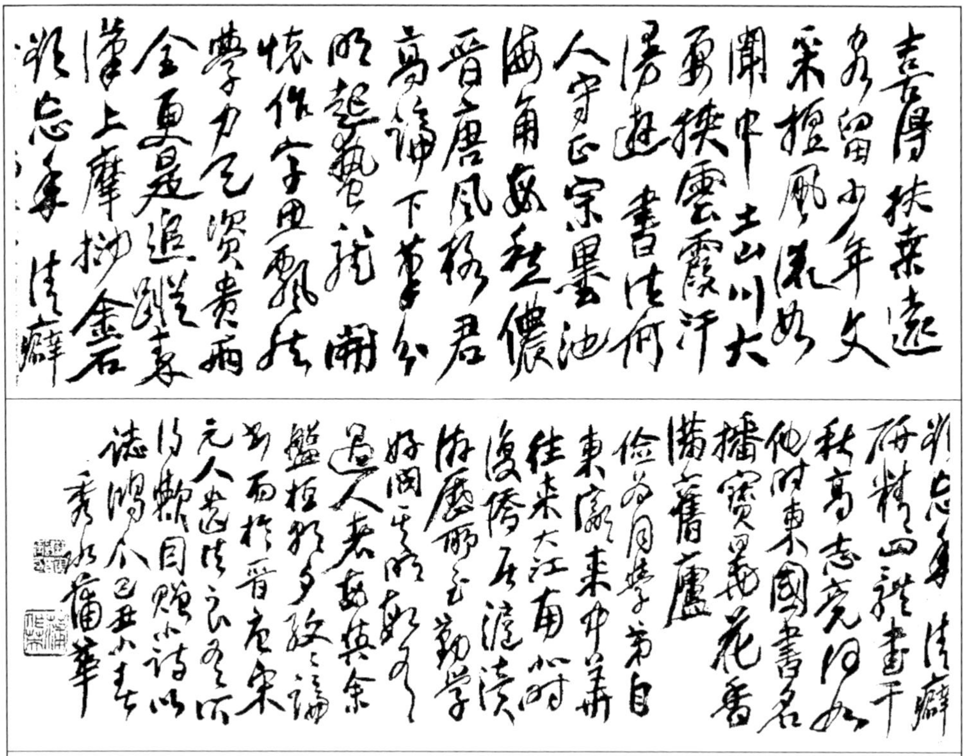

圖 5－239：蒲華跋秋山純文憑卷

蒲華跋秋山純文憑卷云：（圖 5－239）

　　喜得扶桑遠客留，少年文采擅風流。

　　如聞中土山川大，要挾雲霞汗漫遊。

　　書法何人守正宗，墨池海角每愁儂。

　　晉唐風格君高論，下筆分明起蝥龍。

　　開懷作字思飄然，學力天資貴兩全。

　　更是追蹤秦漢上，摩娑金石欲忘年。

　　清癖研精四體書，千秋高志竟何如。

　　他時東國書名播，墨寶花香滿舊廬。

　　儉爲同學弟自東瀛來中華，往來大江南北，時復僑居滬瀆，遊歷所
至，勤學好問，其明敏有過人者。每與余盤桓朝夕終論書，而於晉
唐宋元人遺法良有所得歟。因贈小詩以誌鴻爪。己丑小春，秀水蒲
華。

二、中村蘭台一世

　　西川春洞的《五體千字文》刊行之時，生於安正三年（1856 年，清咸豐六年）的蘭台正值三十五歲。他的篆刻最初受教於高田綠云，而秋山白巖攜來的徐三庚的書作後，又深受徐書之感化。日本的篆刻進入明治時代以後仍因舊有的頑固，而在技術觀念上處於反應遲鈍的狀態，並延續了一個時期。但蘭台借鑒仿秋山碧城帶來之《出師表》的成果，也表現出蘭台對徐三庚的強列傾倒及其自我風格的一大變遷。

　　中村蘭台對徐三庚印風格的追求是持久的，他通過對徐三庚所創的風格依次吸收而逐漸構築起自己的風格。下面爲，通過兩者作品的互相對較來考查蘭台作品中徐三庚的影響痕跡。

圖 5－240：徐三庚刻〈王引孫印〉　圖 5－241：中村蘭台刻〈西川元讓〉

　　徐三庚刻〈王引孫印〉（圖 5－240）與中村蘭台刻〈西川元讓〉（圖 5－241）從中可見對秦漢古銅印的吸收與表現。

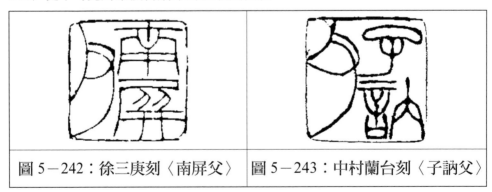

圖 5－242：徐三庚刻〈南屏父〉　圖 5－243：中村蘭台刻〈子訥父〉

　　這是中村蘭台仿效徐三庚的形態所刻，但在「父」字上，蘭台的運刀尚欠流暢，留有生硬的痕跡。

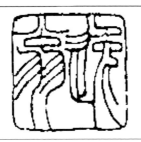

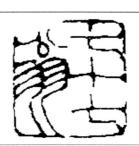

| 圖 5－244：徐三庚刻〈逸翁〉 | 圖 5－245：中村蘭台刻〈七十七翁〉 |

在徐三庚刻〈逸翁〉（圖 5－244）將點畫集於上部，而對字腳的長度和曲線的美則予以突出的強調。蘭台刻〈七十七翁〉（圖 5－245）也充分的運用了這種手法。

| 圖 5－246：徐三庚刻〈子權〉 | 圖 5－247：中村蘭台刻〈子謙〉 |

徐三庚刻〈子權〉（圖 5－246）中所使用的空間調度的手法同樣也在中村蘭台刻〈子謙〉（圖 5－247）中得到了運用。

| 圖 5－248：徐三庚刻〈可千古而不可一時〉 | 圖 5－249：中村蘭台刻〈山瘦松偏勁鶴老飛更輕〉 |

中村蘭台刻〈山瘦松偏勁鶴老飛更輕〉（圖 5－249）並沒有僅滿足於模仿徐三庚，在此作品中可看出，所發揮的熟練而完美的技巧，足以令世人折服。

如上所述，中村蘭台對徐三庚的藝術癡心揣摩，使自己的篆刻藝術花繁葉茂，也從而使日本篆刻界的面貌為之一新。不過，蘭台的篆刻藝術的發展並沒有止步於此。我認為蘭台確實曾為徐三庚風格迷戀，但應該看到，對徐三庚的傾倒並沒有使蘭台沉溺於徐三庚的世界裡，而是引導他開拓了他自己獨有的造型境界。

三、濱村藏六五世

濱村藏六五世（1866～1909），名俟，字有孚，別字無咎道人，號雕蟲居窟主人，通稱六平。明治二十年（1889 年）十月去東京，從師於金子簑香、藏六四世學篆刻。曾經遊歷諸國，也到過中國。篆刻受到清末流派的影響，尤其對吳昌碩更是傾心，對於中國秦印、金文等深感興趣，並奮力學習，亦曾跟隨河井荃廬到中國交流。相較於濱村藏六四世等先輩，其印風有較大的變化與發展。印譜有《藏六居印藪》、《藏六金印》、《結金石緣》、《錦囊銅磁印譜》、《雕蟲窟印蛻》等。明治四十二年（1909 年）四十四歲時卒。從下面兩方印可以看出，他受中國漢印以及清末吳昌碩印風等的影響。

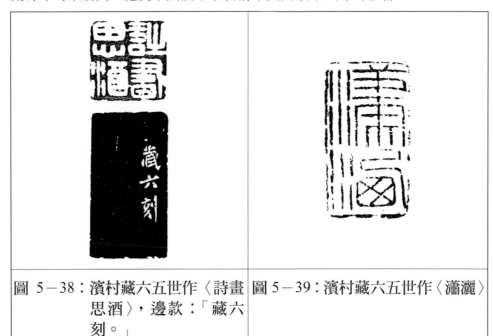

| 圖 5－38：濱村藏六五世作〈詩畫思酒〉，邊款：「藏六刻。」 | 圖 5－39：濱村藏六五世作〈瀟灑〉 |

　　〈詩畫思酒〉（圖 5－38）及〈瀟灑〉（圖 5－39），兩方印中可以看出，濱村藏六五世對中國漢印的了解，緊密的結構、穩正的章法，其刀法非常穩健。

| 圖 5－40：濱村藏六五世作〈東作〉 | 圖 5－41：濱村藏六五世作〈子暘所作〉 |

　　〈東作〉（圖 5－40）及〈子暘所作〉（圖 5－41），這兩方印把篆書筆法融入其中，十字界格的章法穩正但並不單板。

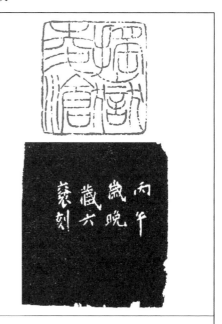

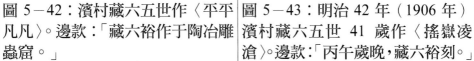

| 圖 5－42：濱村藏六五世作〈平平凡凡〉。邊款：「藏六裕作于陶冶雕蟲窟。」 | 圖 5－43：明治 42 年（1906 年）濱村藏六五世 41 歲作〈搖嶽凌滄〉。邊款：「丙午歲晚，藏六裕刻。」 |

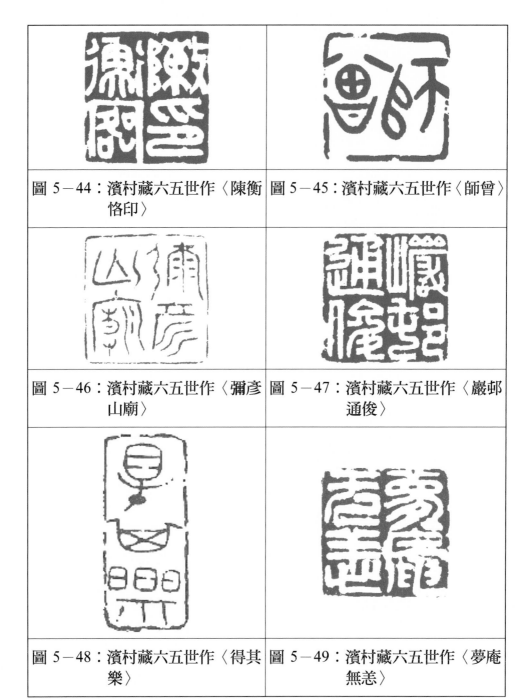

圖 5－44：濱村藏六五世作〈陳衡恪印〉	圖 5－45：濱村藏六五世作〈師曾〉
圖 5－46：濱村藏六五世作〈彌彥山廟〉	圖 5－47：濱村藏六五世作〈巖邨通俊〉
圖 5－48：濱村藏六五世作〈得其樂〉	圖 5－49：濱村藏六五世作〈夢庵無恙〉

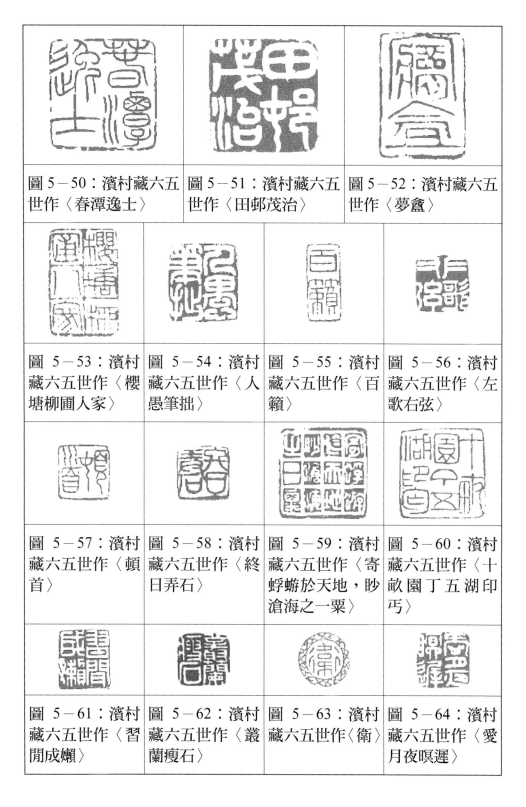

圖 5－50：濱村藏六五世作〈春潭逸士〉	圖 5－51：濱村藏六五世作〈田邨茂治〉	圖 5－52：濱村藏六五世作〈夢盦〉
圖 5－53：濱村藏六五世作〈櫻塘柳圃人家〉	圖 5－54：濱村藏六五世作〈人愚筆拙〉	圖 5－55：濱村藏六五世作〈百籟〉	圖 5－56：濱村藏六五世作〈左歌右弦〉
圖 5－57：濱村藏六五世作〈頓首〉	圖 5－58：濱村藏六五世作〈終日弄石〉	圖 5－59：濱村藏六五世作〈寄蜉蝣於天地，眇滄海之一粟〉	圖 5－60：濱村藏六五世作〈十畝園丁五湖印丐〉
圖 5－61：濱村藏六五世作〈習閒成孄〉	圖 5－62：濱村藏六五世作〈叢蘭瘦石〉	圖 5－63：濱村藏六五世作〈衛〉	圖 5－64：濱村藏六五世作〈愛月夜眠遲〉

 圖 5－65：濱村藏六五世作〈鬼門閣〉	 圖 5－66：濱村藏六五世作〈天地始肅〉	 圖 5－67：濱村藏六五世作〈如是〉	 圖 5－68：濱村藏六五世作〈舍己從人〉
 圖 5－69：濱村藏六五世作〈延年〉	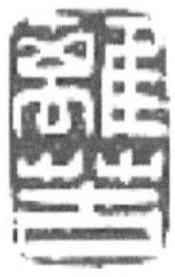 圖 5－70：濱村藏六五世作〈離苦〉	 圖 5－71：濱村藏六五世作〈藏六〉	 圖 5－72：濱村藏六五世作〈象鹿山人〉
 圖 5－73：濱村藏六五世作〈臣裕私印〉	 圖 5－74：濱村藏六五世作〈橘裕啓事〉	 圖 5－75：濱村藏六五世作〈象鹿〉	 圖 5－76：濱村藏六五世作〈橘裕長壽〉
圖 5－77：濱村藏六五世作〈象鹿金石〉	圖 5－78：濱村藏六五世作〈藏六心賞〉	圖 5－79：濱村藏六五世作〈象鹿〉	

在這些收集到的印作當中，可看出濱村藏六五世的印作，大多存有濃厚的筆意之趣，他的印玲瓏雅致，章法勻稱安詳。他印面中的筆畫都非常的精到，鋒藏蓄勢、骨健體潤，全無含糊過場之處，頗有嚼味。

從〈十畝園丁五湖印丐〉（圖 5－60）一印中可窺見，他學習吳昌碩的印
風，是非常透澈的，在用筆的老練方面，古雅樸拙、雄勁有力，濱村藏六五
的印風完全是學習中國印人的風尚，他把其優雅的文化，在印面上呈現的淋
漓盡致。他的學習能力，以及作品所呈現出的氣質，是令人相當佩服的。

四、河井荃廬

河井荃廬（1871～1945）於明治三十年（1879 年，清光緒二十三）到中
國與吳昌碩學習，在日本篆刻史上，他和吳昌碩的交往學習，是非常重的一
個章節，對於他的詳細介紹，容後在「河井荃廬與吳昌碩的交流」中，進一
步的研究探討。〈東作之印〉爲河井荃廬於明治三十六年（1903 年，清光緒二
十九年）時所作，此時爲三十二歲。在他的作品中，可以清楚的看見，吳昌
碩對他印風的影響，另外〈日下東作長壽〉印邊款云：「鳴鶴先生于印酷愛
吳昌石因仿其法作此不知有當雅意否河井得並記」，也清楚的說明，因爲喜愛
吳昌碩的印風，所以用其法再刻一方贈給日下東作先生，〈老鶴〉一印，則是
明治三十二年（1899 年，清光緒二十五年）河井仙郎到中國後兩年年所刻，
印風上受中國印人的影響非常明顯。

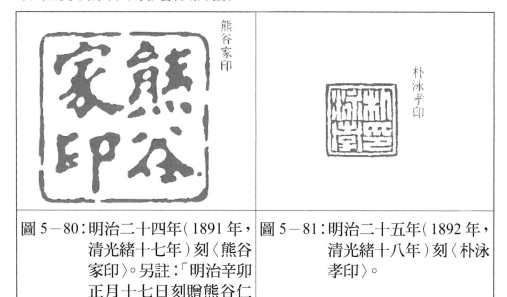

| 圖 5－80：明治二十四年（1891 年，清光緒十七年）刻〈熊谷家印〉。另註：「明治辛卯正月十七日刻贈熊谷仁兄謹賀御開業後五十年之際盛川井得。」 | 圖 5－81：明治二十五年（1892 年，清光緒十八年）刻〈朴泳孝印〉。 |

瓠船	 伊奈波神社會計係印
圖5－82：明治二十五年（1892年，清光緒十八年）刻〈瓠船〉。另註：「歲在壬辰五月川井得爲瓠船先生清鑒仿陳曼生〔註53〕刀法。」	圖5－83：明治二十五年（1892年，清光緒十八年）刻〈伊奈波神社會計係印〉。另註：「明治壬辰之秋九月。」

雲窗之印 伊東氏 大塊假我

圖5－84：明治二十五年（1892年，清光緒十八年）刻〈雲窗之印〉。

圖5－85：明治二十五年刻〈伊東氏〉。

圖5－86：明治二十五年刻〈大塊假我〉。

岡田釧印

圖5－88：明治二十五年（1892年，清光緒十八年）刻〈岡田釧印〉。
另註：「歲次壬辰十月初七川井得篆爲岡田君清囑。」

〔註53〕 陳鴻壽（1768～1822年），字子恭，號曼生、曼壽、種榆道人，浙江錢塘（今杭州）人。清代篆刻家生於乾隆三十三年（1768年），嘉慶六年拔貢，歷官溧陽知縣、江南海防同知等職，在溧陽時結識制壺藝人楊彭年、楊鳳年兄妹。工於篆刻，和丁敬、陳豫鍾、趙之琛、錢松等合稱西泠八家，惜傳世不多。道光二年（1822年）去世。

在印風上，這一時期的河井荃廬所刻之印，爲較規矩的璽印風格。在印面的安排上都屬較安靜、平正的設計。如〈伊東氏〉（圖 5－85）就是很典型的璽印風格。

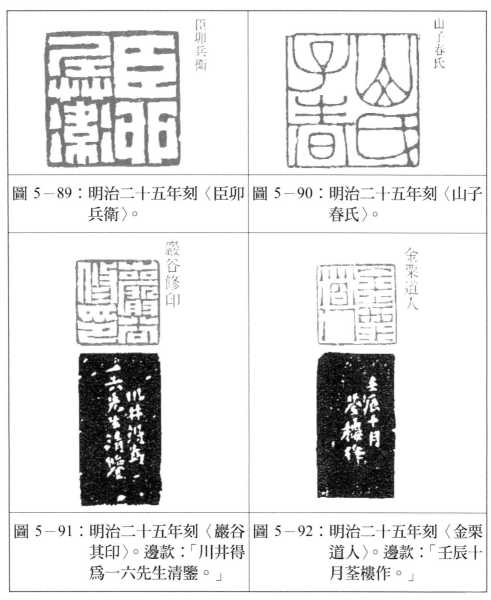

圖 5－89：明治二十五年刻〈臣卯兵衛〉。	圖 5－90：明治二十五年刻〈山子春氏〉。
圖 5－91：明治二十五年刻〈巖谷其印〉。邊款：「川井得爲一六先生清鑒。」	圖 5－92：明治二十五年刻〈金栗道人〉。邊款：「壬辰十月荃樓作。」

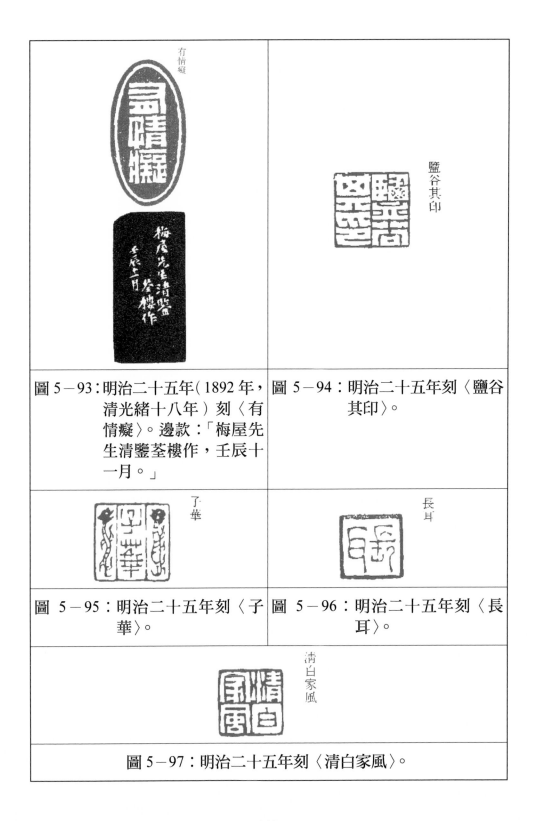

圖 5－93：明治二十五年（1892 年，清光緒十八年）刻〈有情癡〉。邊款：「梅屋先生清鑒荃樓作，壬辰十一月。」	圖 5－94：明治二十五年刻〈鹽谷其印〉。
圖 5－95：明治二十五年刻〈子華〉。	圖 5－96：明治二十五年刻〈長耳〉。
圖 5－97：明治二十五年刻〈清白家風〉。	

在明治二十五年河井荃廬，所刻的印面中可看出，他也將中國漢印風格，帶入他的印面當中，從〈臣卯兵衛〉（圖 5－89）和〈清白家風〉（圖 5－97）中可看見其收筆都較肥且方，可能是受中國古印的影響。

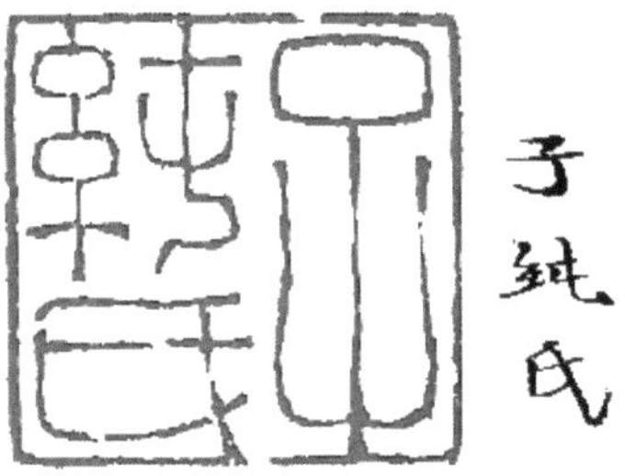

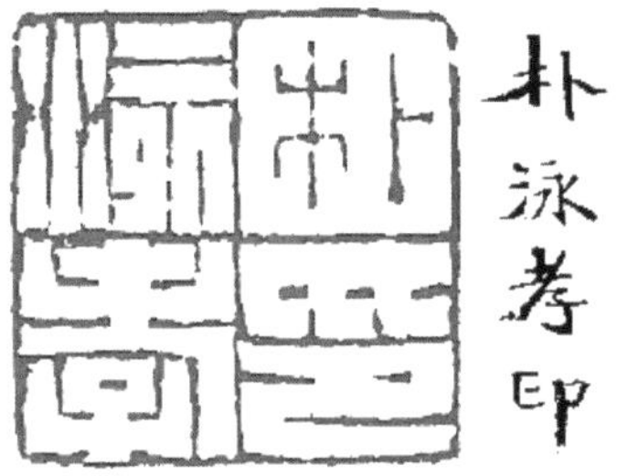

圖 5－98：明治二十六年（1893 年，清光緒十九年）刻〈子純氏〉。

圖 5－99：明治二十六年刻〈朴泳孝印〉。

圖 5－100：另註：「明治廿六年歲次癸已十有二月爲朴瓠船先生，川井僊郎。」

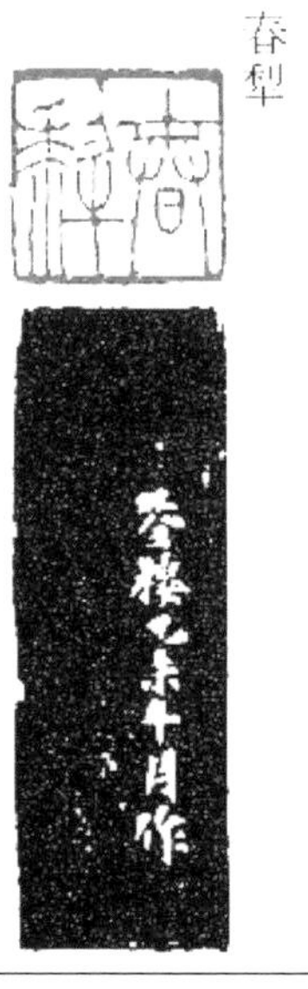

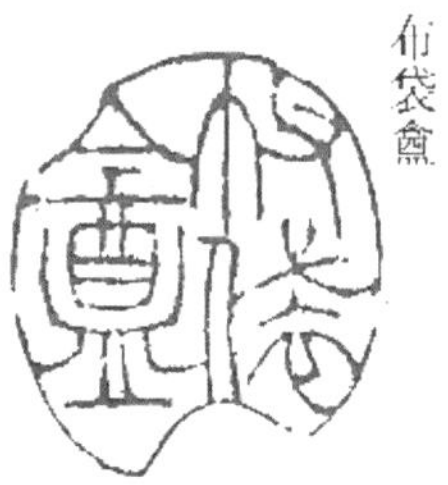

圖 5－101：明治二十八年（1895 年，清光緒二十一年）刻〈春犁〉。邊款：「荃樓己未十月作。」	圖 5－102：明治二十八年刻〈布袋龕〉。另註：「布袋龕主人屬，己未之十月荃樓生作。」

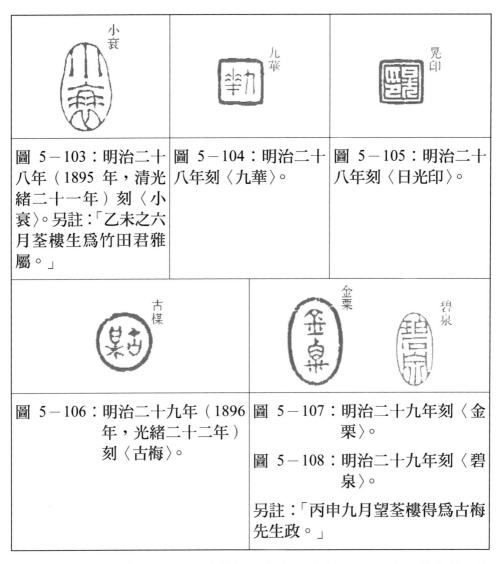

圖 5－103：明治二十八年（1895 年，清光緒二十一年）刻〈小衰〉。另註：「乙未之六月荃樓生爲竹田君雅屬。」

圖 5－104：明治二十八年刻〈九華〉。

圖 5－105：明治二十八年刻〈日光印〉。

圖 5－106：明治二十九年（1896 年，光緒二十二年）刻〈古梅〉。

圖 5－107：明治二十九年刻〈金栗〉。

圖 5－108：明治二十九年刻〈碧泉〉。

另註：「丙申九月望荃樓得爲古梅先生政。」

　　在〈碧泉〉（圖 5－108）印中等細朱文中，可看見明治二十九的印風，線條越趨雅致、流暢。他將中國鐵線篆帶入的印中企圖，非常明顯。此強勁有力的細朱文線條，也可見他對線條質感的要求。

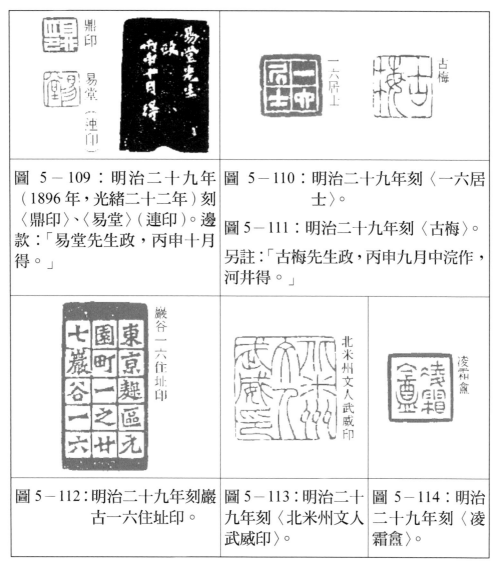

圖 5－109：明治二十九年（1896 年，光緒二十二年）刻〈鼎印〉、〈易堂〉（連印）。邊款：「易堂先生政，丙申十月得。」

圖 5－110：明治二十九年刻〈一六居士〉。

圖 5－111：明治二十九年刻〈古梅〉。

另註：「古梅先生政，丙申九月中浣作，河井得。」

圖 5－112：明治二十九年刻嚴古一六住址印。

圖 5－113：明治二十九年刻〈北米州文人武威印〉。

圖 5－114：明治二十九年刻〈凌霜盦〉。

　　〈北米州文人武威印〉（圖 5－113）一印中，可以看出他的線條越趨華麗，應是受到中國徐三庚的影響，可見他所吸收的養分是全面化的。不只是古典的，同時也學習華麗的印風。

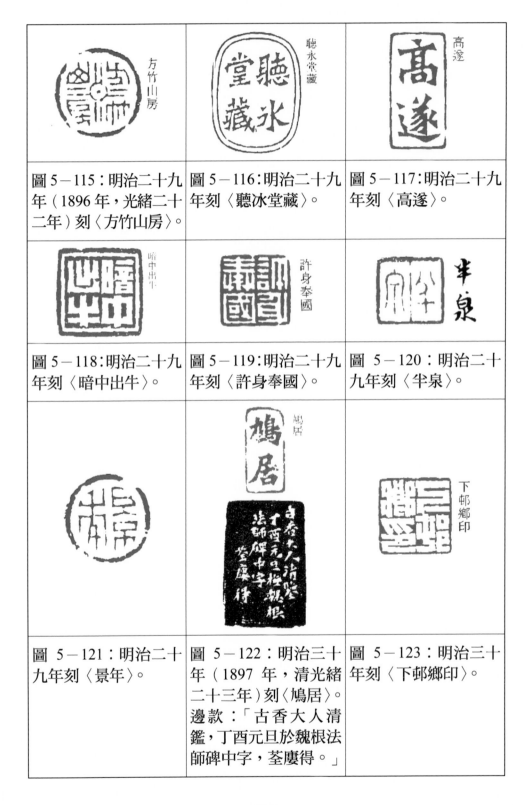

圖5－115：明治二十九年（1896年，光緒二十二年）刻〈方竹山房〉。	圖5－116：明治二十九年刻〈聽冰堂藏〉。	圖5－117：明治二十九年刻〈高邃〉。
圖5－118：明治二十九年刻〈暗中出牛〉。	圖5－119：明治二十九年刻〈許身奉國〉。	圖5－120：明治二十九年刻〈半泉〉。
圖5－121：明治二十九年刻〈景年〉。	圖5－122：明治三十年（1897年，清光緒二十三年）刻〈鳩居〉。邊款：「古香大人清鑑，丁酉元旦於魏根法師碑中字，荃廙得。」	圖5－123：明治三十年刻〈下邨鄉印〉。

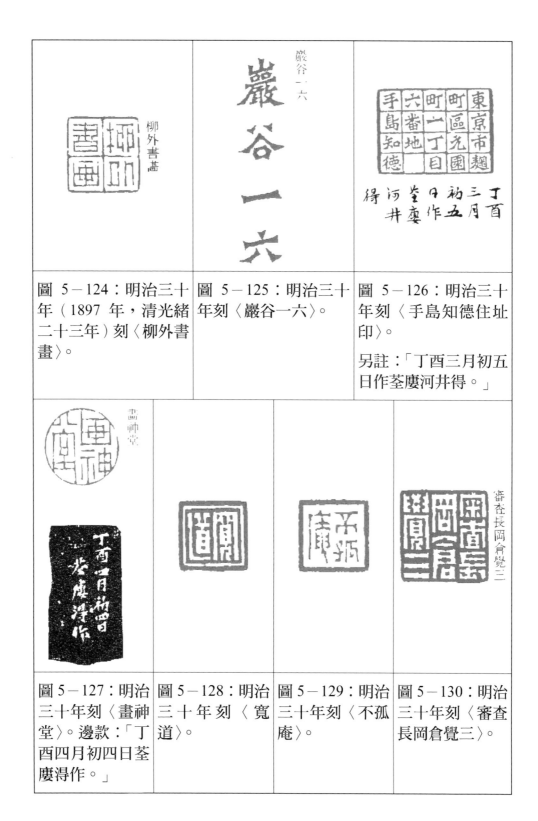

圖 5－124：明治三十年（1897 年，清光緒二十三年）刻〈柳外書畫〉。	圖 5－125：明治三十年刻〈巖谷一六〉。	圖 5－126：明治三十年刻〈手島知德住址印〉。 另註：「丁酉三月初五日作荃廔河井得。」
圖 5－127：明治三十年刻〈畫神堂〉。邊款：「丁酉四月初四日荃廔淂作。」	圖 5－128：明治三十年刻〈寬道〉。	圖 5－129：明治三十年刻〈不孤庵〉。	圖 5－130：明治三十年刻〈審查長岡倉覺三〉。

　　〈聽冰堂藏〉（圖5−116）及〈高邃〉（圖5−117）等印，可看見此時期他將楷書帶入印面，其活潑的設計充分的表現出他在治印的世界中，並不是乏味的。

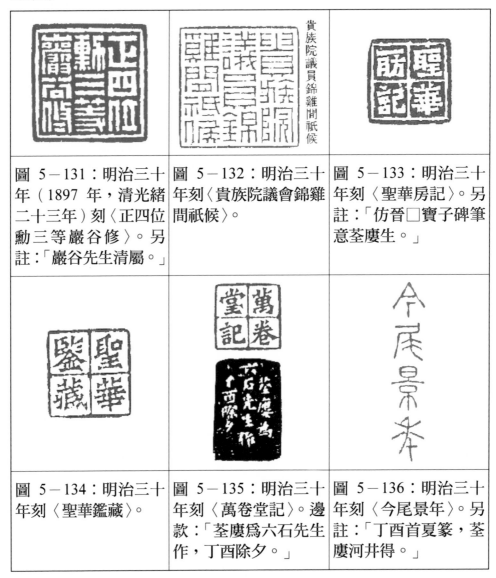

圖 5−131：明治三十年（1897 年，清光緒二十三年）刻〈正四位勳三等巖谷修〉。另註：「巖谷先生清屬。」	圖 5−132：明治三十年刻〈貴族院議會錦雞間祇候〉。	圖 5−133：明治三十年刻〈聖華房記〉。另註：「仿晉□寶子碑筆意荃廔生。」
圖 5−134：明治三十年刻〈聖華鑑藏〉。	圖 5−135：明治三十年刻〈萬卷堂記〉。邊款：「荃廔為六石先生作，丁酉除夕。」	圖 5−136：明治三十年刻〈今尾景年〉。另註：「丁酉首夏篆，荃廔河井得。」

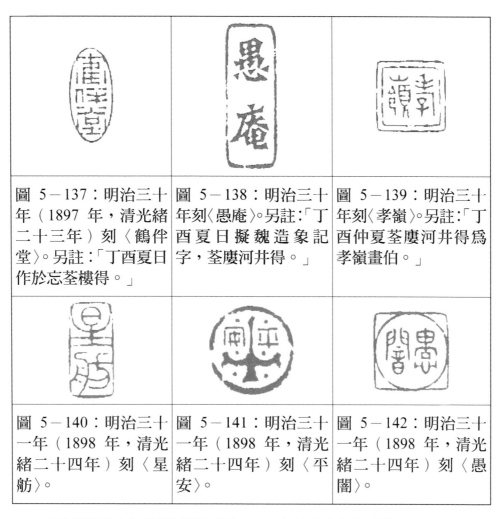

圖 5－137：明治三十年（1897 年，清光緒二十三年）刻〈鶴伴堂〉。另註：「丁酉夏日作於忘荃樓得。」	圖 5－138：明治三十年刻〈愚庵〉。另註：「丁酉夏日擬魏造象記字，荃廔河井得。」	圖 5－139：明治三十年刻〈孝嶺〉。另註：「丁酉仲夏荃廔河井得爲孝嶺畫伯。」
圖 5－140：明治三十一年（1898 年，清光緒二十四年）刻〈星舫〉。	圖 5－141：明治三十一年（1898 年，清光緒二十四年）刻〈平安〉。	圖 5－142：明治三十一年（1898 年，清光緒二十四年）刻〈愚闇〉。

　　〈貴族院議會錦雞間祗候〉（圖5－132）這方官印形式的印面，表現出他在排印上的穩健實力。〈今尾景年〉（圖5－136）這方印，大膽的不留邊界，是一方讓人印象深刻的作品。〈星舫〉（圖5－140）這方印扭曲的線條，大膽的作風卻不失優雅的韻味。在這些印中可以看出，河井荃廬他刻印的謹慎，並無一點隨便，但在他嘗試用不同的造形及字形的結構，變化出多種面貌。

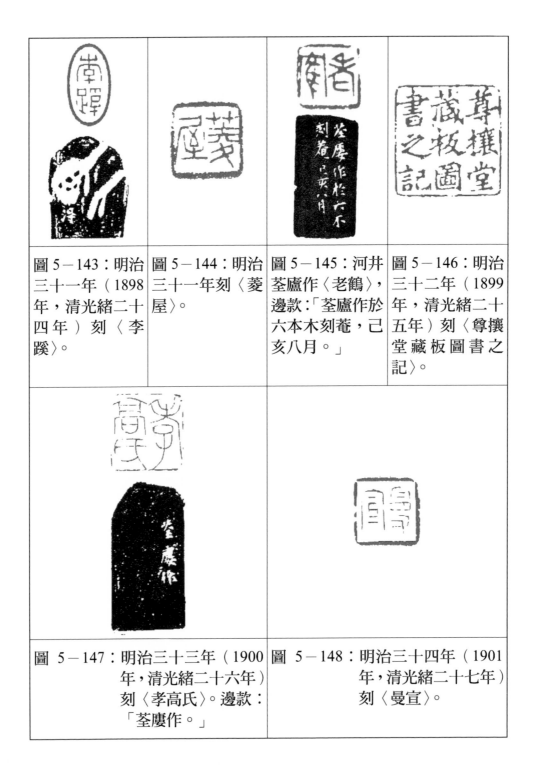

| 圖 5－143：明治三十一年（1898年，清光緒二十四年）刻〈李蹊〉。 | 圖 5－144：明治三十一年刻〈菱屋〉。 | 圖 5－145：河井荃廬作〈老鶴〉，邊款：「荃廬作於六本木刻菴，已亥八月。」 | 圖 5－146：明治三十二年（1899年，清光緒二十五年）刻〈尊攘堂藏板圖書之記〉。 |
| 圖 5－147：明治三十三年（1900年，清光緒二十六年）刻〈孝高氏〉。邊款：「荃廔作。」 | 圖 5－148：明治三十四年（1901年，清光緒二十七年）刻〈曼宣〉。 | | |

圖 5－149：明治三十六年（1903 年，清光緒二十八年）刻〈用生為熟〉。邊款：「荃廬。」	 圖 5－150：明治三十六年刻〈野鶴〉。邊款：「荃廬。」	圖 5－151：明治三十六年刻〈思逸神超〉。

圖 5－152：明治三十六年刻〈妙慧深禪內充愉樂〉。	圖 5－153：明治三十六年刻〈生死不二性相常然〉。邊款：「荃廬。」

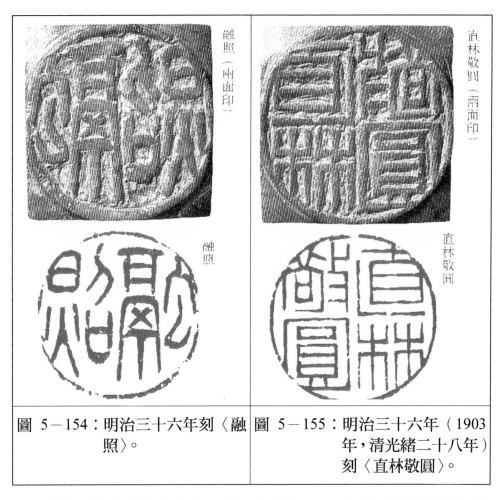

| 圖 5－154：明治三十六年刻〈融照〉。 | 圖 5－155：明治三十六年（1903年，清光緒二十八年）刻〈直林敬圓〉。 |

　　明治三十六年的印風從〈用生爲熟〉（圖 5－149），印中線條的韻味更加的沉著穩重。〈野鶴〉（圖 5－150）可見其更趨樸拙的風格，在用筆的自由度上更加的輕鬆自在。

圖5-156：明治三十六年刻〈守拙道人〉。邊款：「荃廬作。」

圖5-157：明治三十六年刻〈敬圓之印〉。邊款：「河井作兩面印癸卯七月。」

圖 5－158：明治三十六年刻〈敬圓〉。	圖 5－159：明治三十六年刻〈融照〉。

圖 5－160：明治三十六年刻〈融照〉（兩面印）。	圖 5－161：明治三十六年（1903 年，清光緒二十八年）刻〈守拙〉。	圖 5－162：明治三十八年（1905 年，清光緒三十一年）刻〈櫻山〉。邊款：「荃廬。」

圖 5－163：明治三十八年刻〈賓書〉。	圖 5－164：明治三十八年刻〈載酒問奇字〉。

圖 5－165：明治四十一年（1908年，清光緒三十四年）刻〈園城後學〉。（兩面印）	圖 5－166：明治四十一年刻〈吉羊金剛敬圓〉。（兩面印）

　　這方〈載酒問奇字〉（圖 5－164），以玉箸小篆鐵線朱文刊出，探精抉微，情融筆暢，篆法嚴謹生動，筆畫如鋼絲蚊足，富有彈性和力度，勁細中凝含筆墨趣味，包孕著精、氣、神、質、顯示出扎實的基本功，全印有一種密致流走、典重高雅的美，觀之，沁人心脾。

圖 5－167：明治三十八年（1905年，清光緒三十一年）刻〈高陰〉。	圖 5－168：明治三十八年刻〈法無生滅〉。	圖 5－169：明治三十八年刻〈古希鳴鶴〉。

 圖 5－170：明治四十一年（1908 年，清光緒三十四年）刻〈吉羊金剛〉。（兩面印）	 圖 5－171：明治四十一年刻〈敬圓之印〉。（兩面印）	 圖 5－172：明治四十一年刻〈長等山人〉。邊款：「九節丈人。」
 圖 5－173：明治四十一年刻〈敬圓〉。邊款：「仙郎。」	 圖 5－174：明治四十一年刻〈仙郎之印〉	 圖 5－175：明治四十一年刻〈知明之印〉
 圖 5－176：明治四十一年（1908 年，清光緒三十四年）刻〈子周〉。	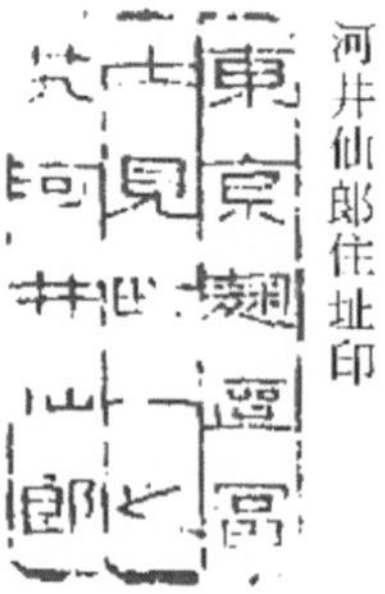 圖 5－177：明治四十一年刻〈河井仙郎住址印〉	

圖 5－178：明治四十一年刻〈園城後學〉

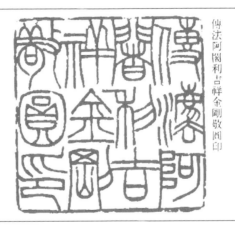

圖 5－179：明治四十一年刻〈傳法阿闍利吉祥金剛敬圓印〉

圖 5－180：明治四十一年刻〈傳持三宗吉羊金剛敬圓之章〉

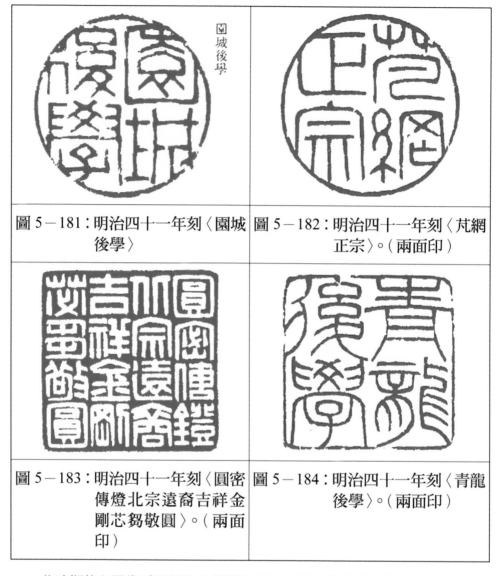

圖 5－181：明治四十一年刻〈園城後學〉	圖 5－182：明治四十一年刻〈芄網正宗〉。（兩面印）
圖 5－183：明治四十一年刻〈圓密傳燈北宗遠裔吉祥金剛芯鎩敬圓〉。（兩面印）	圖 5－184：明治四十一年刻〈青龍後學〉。（兩面印）

　　此時期的印風幾乎已經拋去華麗的風格，朝向樸拙穩重的道路前進，〈芄網正宗〉（圖 5－182）印中可見線條趨向較平滑的感覺，與前面學習吳昌碩印風的感覺，又開始有所區隔。

圖 5－185：明治四十一年（1908
　　　　年，清光緒三十四年）
　　　　刻〈圓密修驗北宗傳
　　　　統吉羊金剛敬圓印
　　　　信〉。（兩面印）

圖 5－186：明治四十三年（1910
　　　　年，清宣統二年）刻
　　　　〈敬圓融照〉。（兩面
　　　　印）

圖 5－187：明治四十三年刻〈恆游
　　　　月輪中〉。（兩面印）

圖 5－188：明治四十三年刻〈長等
　　　　法主〉。（兩面印）

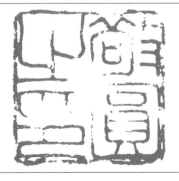

圖 5－189：明治四十三年刻〈敬圓
　　　　之印〉。（兩面印）

圖 5－190：明治四十三年刻〈敬
　　　　圓〉。

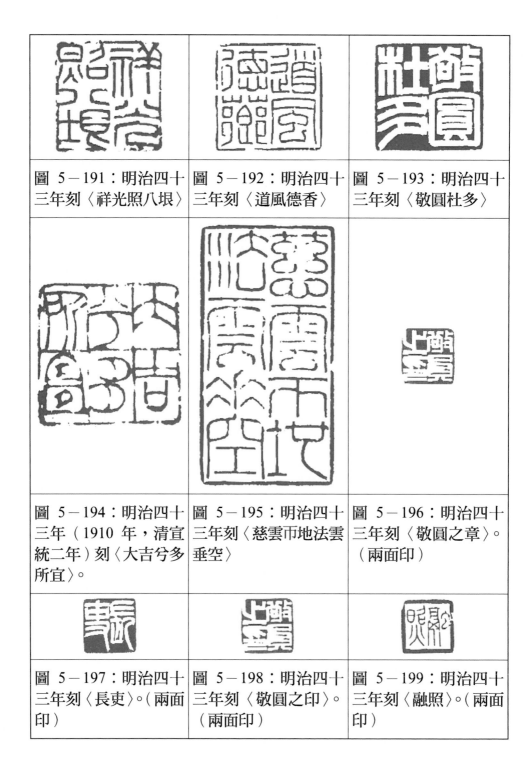

圖 5－191：明治四十三年刻〈祥光照八垠〉	圖 5－192：明治四十三年刻〈道風德香〉	圖 5－193：明治四十三年刻〈敬圓杜多〉
圖 5－194：明治四十三年（1910年，清宣統二年）刻〈大吉兮多所宜〉。	圖 5－195：明治四十三年刻〈慈雲市地法雲垂空〉	圖 5－196：明治四十三年刻〈敬圓之章〉。（兩面印）
圖 5－197：明治四十三年刻〈長吏〉。（兩面印）	圖 5－198：明治四十三年刻〈敬圓之印〉。（兩面印）	圖 5－199：明治四十三年刻〈融照〉。（兩面印）

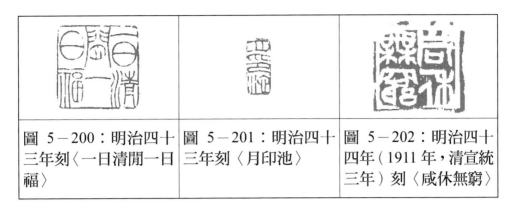

圖 5－200：明治四十三年刻〈一日清閒一日福〉	圖 5－201：明治四十三年刻〈月印池〉	圖 5－202：明治四十四年（1911 年，清宣統三年）刻〈咸休無窮〉

〈敬圓杜多〉（圖 5－193）與〈大吉兮多所宜〉（圖 5－194）可見，此時期的印風將吳昌碩與趙之謙的風格融和，並加入自己所學的心得加以創作。

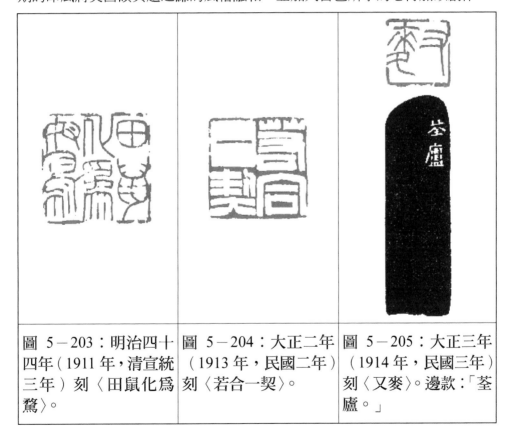

圖 5－203：明治四十四年（1911 年，清宣統三年）刻〈田鼠化爲鴽〉。	圖 5－204：大正二年（1913 年，民國二年）刻〈若合一契〉。	圖 5－205：大正三年（1914 年，民國三年）刻〈又麥〉。邊款：「荃廬。」

圖 5－206：大正六年（1917 年，民國六年）刻〈頤性延齡〉。	圖 5－207：大正六年刻〈大塚小印〉	圖 5－208：大正六年刻〈衣浦漁民〉

圖 5－209：大正六年刻〈東作審定〉	圖 5－210：大正六年刻〈老鶴識秋〉

圖 5－211：大正六年刻〈日下東作章〉	圖 5－212：大正六年刻〈野鶴翁〉	圖 5－213：大正六年刻〈古道〉

圖 5－214：大正六年刻〈象之〉	圖 5－215：大正六年刻〈象之〉

　　〈若合一契〉。（圖 5－204）這方印的安排「若合一契」這四個字，僅有「一」字以朱文刻出，採用這樣朱白相間的法式治印，散見於漢魏時期中的印，明清以後，丁敬、趙之謙等印林大家的自用印中也有運用。一般來說，朱白相間的印，作朱文的字筆畫應少，作白文的字筆畫宜多，這樣處理，可以使筆畫少的朱文中露出大片的空白，與筆畫多的白文字求得朱白色調上的統一、協調。印此正是如此運作。

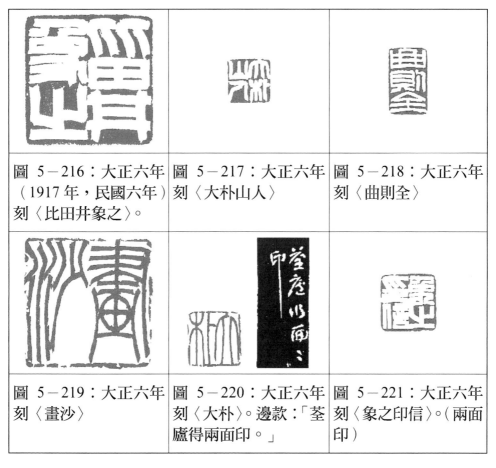

圖 5－216：大正六年（1917 年，民國六年）刻〈比田井象之〉。	圖 5－217：大正六年刻〈大朴山人〉	圖 5－218：大正六年刻〈曲則全〉
圖 5－219：大正六年刻〈畫沙〉	圖 5－220：大正六年刻〈大朴〉。邊款：「荃廬得兩面印。」	圖 5－221：大正六年刻〈象之印信〉。（兩面印）

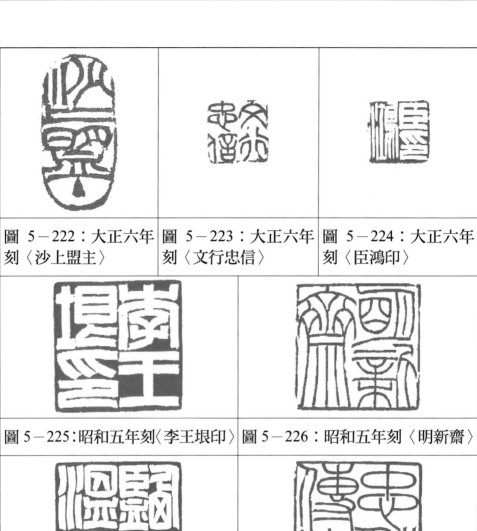

圖 5－222：大正六年刻〈沙上盟主〉	圖 5－223：大正六年刻〈文行忠信〉	圖 5－224：大正六年刻〈臣鴻印〉

圖 5－225：昭和五年刻〈李王垠印〉	圖 5－226：昭和五年刻〈明新齋〉

圖 5－227：昭和五年刻〈鹽谷溫印〉	圖 5－228：昭和五年刻〈忠孝傳家〉

圖 5－229：昭和五年刻〈高松宮〉	圖 5－230：昭和五年刻〈宣仁親王〉

　　此時期的印風大致已經是河井荃廬定形之作，風格較爲乾淨平實，不作太多的華麗裝飾。其中〈曲則全〉（圖5－218）語出老子，即指世界上一切矛盾都會相互轉化。事物不是一成不變的，往往會走到其相反的一面。就篆刻藝術來說，其實也是一個揭示矛盾、利用矛盾、解決矛盾的過程。也需要我們「持一爲篆刻天地之牧「印章中的陰陽、方圓、剛柔、疏密、靜動、工寫、巧拙、平奇等等，無一不是對立統一的矛盾的兩方面，發掘、甄別、梳理、利用和解決這矛盾的過程中，我們也當切記，任何好的表現手法、技巧都不能用過頭。

　　我想或許這一時期的河井荃廬已經完全體現這些道理，所以他此時的作品趨於平穩、平實，不求華麗的印風。

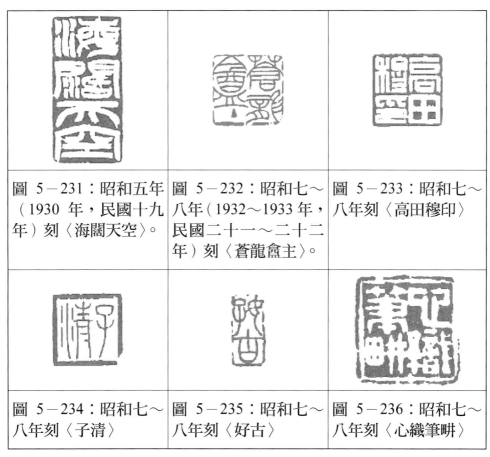

圖5－231：昭和五年（1930年，民國十九年）刻〈海闊天空〉。	圖5－232：昭和七～八年（1932～1933年，民國二十一～二十二年）刻〈蒼龍盦主〉。	圖5－233：昭和七～八年刻〈高田穆印〉
圖5－234：昭和七～八年刻〈子清〉	圖5－235：昭和七～八年刻〈好古〉	圖5－236：昭和七～八年刻〈心織筆畊〉

　　〈海闊天空〉（圖5－231）這方印讓人體會，方寸之間的篆刻藝術，由於其豐富的內涵和外延，也是「海闊天空」的同時，又是「廣闊人心」形

諸於實的一個體現，就看我們印道中人怎樣執刀陣馳騁其間了。此印平中求奇，看似平淡，但刀意筆韵融爲一體，轉折切入處又運刀峭健，十分耐看。

　　河井荃廬的印，自小受從事刻印業的父親的正確且嚴格的指導，並在治印中善於參入自身的情感。